Le Festin des Gâteaux
Recettes Gourmandes pour les Amateurs de Douceurs

Claire Lambert

Table des matières

Gâteau Mousse Aux Fraises 12

Bûche de Noël 14

Gâteau Bonnet De Pâques 16

Gâteau Simnel de Pâques 17

Gâteau de la Douzième Nuit 19

Gâteau aux pommes au micro-ondes 20

Gâteau à la compote de pommes au micro-ondes 21

Gâteau aux pommes et aux noix au micro-ondes 22

Gâteau aux carottes au micro-ondes 23

Gâteau aux carottes, à l'ananas et aux noix au micro-ondes 24

Gâteaux au son épicés au micro-ondes 26

Cheesecake banane et fruit de la passion au micro-ondes 27

Cheesecake à l'orange cuit au micro-ondes 28

Cheesecake à l'ananas au micro-ondes 29

Pain aux cerises et aux noix au micro-ondes 30

Gâteau au chocolat au micro-ondes 31

Gâteau aux amandes et au chocolat au micro-ondes 32

Brownies double chocolat au micro-ondes 34

Barres de dattes au chocolat au micro-ondes 35

Carrés de chocolat au micro-ondes 36

Gâteau au café rapide au micro-ondes 38

Gâteau de Noël au micro-ondes 39

Gâteau aux miettes au micro-ondes 41

Barres de dattes au micro-ondes 42

Pain aux figues au micro-ondes 43

Flapjacks au micro-ondes 44

Gâteau aux fruits au micro-ondes... 45

Carrés aux fruits et à la noix de coco au micro-ondes 46

Gâteau au fudge au micro-ondes.. 47

Pain d'épices au micro-ondes 48

Barres de gingembre au micro-ondes... 49

Gâteau doré au micro-ondes 50

Gâteau au miel et aux noisettes au micro-ondes 51

Barres de muesli tendres au micro-ondes 52

Gâteau aux noix au micro-ondes 53

Gâteau au jus d'orange au micro-ondes 54

Pavlova au micro-ondes 55

Shortcake au micro-ondes 56

Shortcake aux fraises au micro-ondes 57

Gâteau éponge au micro-ondes.. 58

Barres sultana au micro-ondes 59

Biscuits au chocolat au micro-ondes 60

Biscuits à la noix de coco au micro-ondes 61

Florentins au micro-ondes 62

Biscuits aux noisettes et aux cerises au micro-ondes................................. 63

Biscuits sultana au micro-ondes 64

Pain aux bananes au micro-ondes 65

Pain au fromage au micro-ondes 66

Pain aux noix au micro-ondes 67

Gâteau Amaretti sans cuisson... 68

Barres de riz croustillantes américaines 69

Carrés aux abricots 70

Gâteau roulé suisse aux abricots 71

Gâteaux aux biscuits cassés 72

Gâteau au babeurre sans cuisson 73

Tranche de châtaigne 74

Gâteau éponge aux marrons 75

Barres de chocolat et d'amandes 77

Gâteau croustillant au chocolat 78

Carrés aux miettes de chocolat 79

Gâteau au chocolat au réfrigérateur 80

Gâteau Au Chocolat Et Aux Fruits 81

Carrés au chocolat et au gingembre 82

Carrés de luxe au chocolat et au gingembre 83

Biscuits au chocolat et au miel 84

mille-feuilles au chocolat 85

Belles barres de chocolat 86

Carrés pralinés au chocolat 87

Croquants à la noix de coco 88

Barres croquantes 89

Croquants à la noix de coco et aux raisins secs 90

Carrés au café et au lait 91

Gâteau aux fruits sans cuisson 92

Carrés Fruités 93

Crépitants de fruits et de fibres 94

Gâteau étagé au nougat 95

Carrés au lait et à la muscade 96

Muesli croquant 98

Carrés de Mousse à l'Orange	99
Carrés aux arachides	100
Gâteaux au caramel et à la menthe poivrée	101
Biscuits au riz	102
Toffette au riz et au chocolat	103
Pate d'amande	104
Pâte d'amande sans sucre	105
Glaçage royal	106
Glaçage sans sucre	107
Glaçage fondant	108
Glaçage au beurre	109
Glaçage au chocolat	110
Glaçage au beurre et au chocolat blanc	111
Glaçage au beurre de café	112
Glaçage au beurre de citron	113
Glaçage au beurre d'orange	114
Glaçage au fromage	115
Glaçage à l'orange	116
Glaçage à la Liqueur d'Orange	117
Biscuits à l'avoine et aux raisins secs	118
Biscuits à l'avoine épicés	119
Biscuits à l'avoine complète	120
Biscuits à l'Orange	121
Biscuits à l'orange et au citron	122
Biscuits à l'orange et aux noix	123
Biscuits à l'orange et aux pépites de chocolat	124
Biscuits à l'orange épicés	125

Biscuits au beurre de cacahuète 126

Tourbillons au beurre de cacahuète et au chocolat............................. 127

Biscuits à l'avoine et au beurre de cacahuète 128

Biscuits au miel et au beurre de cacahuète 129

Biscuits aux noix de pécan... 130

Biscuits au moulinet 131

Biscuits rapides au babeurre 132

Biscuits aux raisins 133

Biscuits moelleux aux raisins 134

Tranches de raisins secs et de mélasse 135

Biscuits Ratafia.. 136

Biscuits au riz et au muesli 137

Crèmes romani 138

Biscuits au Sable 139

Biscuits à la crème sure 140

Biscuits à la cassonade 141

Biscuits au sucre et à la muscade 142

sables 143

Sablés de Noël 144

Sablés Au Miel 145

Sablés Au Citron.. 146

Sablés à la viande hachée 147

Sablés aux noix 148

Sablés à l'Orange 149

Sablés de l'homme riche.. 150

Sablés à l'Avoine Complète 152

Tourbillons d'amandes 153

Sablés au chocolat et à la meringue 154
Gens de biscuits 155
Shortcake glacé au gingembre 156
Biscuits de Shrewsbury 157
Biscuits épicés espagnols 158
Biscuits aux épices à l'ancienne 159
Biscuits à la mélasse 160
Biscuits à la mélasse, aux abricots et aux noix 161
Biscuits à la mélasse et au babeurre 162
Biscuits à la mélasse et au café 163
Cookies à la mélasse et aux dattes 164
Biscuits à la mélasse et au gingembre 165
Biscuits à la Vanille 166
Biscuits aux noix 167
Biscuits croustillants 168
Biscuits au cheddar 169
Biscuits au fromage bleu 170
Biscuits au fromage et au sésame 171
Pailles au Fromage 172
Biscuits au fromage et aux tomates 173
Bouchées de fromage de chèvre 174
Rouleaux de jambon et de moutarde 175
Biscuits au jambon et au poivre 176
Biscuits simples aux herbes 177
Biscuits indiens 178
Sablés Noisettes et Echalotes 179
Biscuits au saumon et à l'aneth 180

Biscuits soda	181
Roulés aux tomates et au parmesan	182
Biscuits aux tomates et aux herbes	183
Pain blanc de base	184
Bagels	185
Baps	186
Pain d'orge crémeux	187
Pain à la bière	188
Pain brun Boston	189
Pots de fleurs de son	190
Petits pains beurrés	191
Pain au babeurre	192
Pain de maïs canadien	193
Rouleaux de Cornouailles	194
Pain Plat De Campagne	195
Tresse de graines de pavot champêtre	196
Pain Complet de Campagne	198
Tresses au curry	199
Devon se divise	201
Pain Aux Germes De Blé Aux Fruits	202
Tresses de lait fruitées	203
Pain de grenier	204
Rouleaux de grenier	205
Pain de Grenier aux Noisettes	206
Grissini	207
Tresse de récolte	208
Pain Au Lait	210

Pain aux Fruits au Lait 211

Pain de gloire du matin 212

Pain Muffin 213

Pain sans levée 214

Pâte à pizza 215

Épis d'avoine 216

Farl à l'avoine 217

Pain Pitta 218

Pain brun rapide 219

Pain De Riz Moelleux 220

Pain de riz et d'amandes 221

Gâteau Mousse Aux Fraises

Pour un gâteau de 23 cm/9 po

Pour le gâteau :

100 g/4 oz/1 tasse de farine autolevante (autolevante)

100 g/4 oz/½ tasse de beurre ou de margarine, ramollie

100 g/4 oz/½ tasse de sucre en poudre (superfin)

2 oeufs

Pour les mousses :

15 ml/1 cuillère à soupe de gélatine en poudre

30 ml/2 cuillères à soupe d'eau

450 g de fraises

3 œufs, séparés

75 g/3 oz/1/3 tasse de sucre en poudre (superfin)

5 ml/1 cuillère à café de jus de citron

300 ml/½ pt/1¼ tasse de crème double (épaisse)

30 ml/2 cuillères à soupe d'amandes effilées (effilées), légèrement grillées

Battre ensemble les ingrédients du gâteau jusqu'à consistance lisse. Verser dans un moule à gâteau de 23 cm/9 po graissé et tapissé et cuire au four préchauffé à 190°C/375°F/thermostat 5 pendant 25 minutes jusqu'à ce qu'il soit doré et ferme au toucher. Retirer du moule et laisser refroidir.

Pour faire la mousse, saupoudrez la gélatine sur l'eau dans un bol et laissez jusqu'à ce qu'elle soit spongieuse. Placez le bol dans une casserole d'eau chaude et laissez-le jusqu'à dissolution. Laisser refroidir légèrement. Pendant ce temps, réduisez en purée 350 g de fraises, puis passez-les au tamis pour éliminer les pépins. Battre les jaunes d'œufs et le sucre jusqu'à ce qu'ils soient pâles et épais et que le mélange s'écoule du fouet en rubans. Incorporer la purée, le jus de citron et la gélatine. Fouettez la crème jusqu'à ce qu'elle soit ferme, puis incorporez-en la moitié au mélange. Avec un fouet et un bol propres, fouettez les blancs d'œufs jusqu'à ce qu'ils soient fermes, puis incorporez-les au mélange.

Coupez le biscuit en deux horizontalement et placez-en une moitié au fond d'un moule à gâteau propre recouvert de film alimentaire (pellicule plastique). Tranchez les fraises restantes et disposez-les sur le biscuit, puis recouvrez de crème aromatisée et enfin de la deuxième couche de gâteau. Appuyez très doucement. Réfrigérer jusqu'à ce que le tout soit pris.

Pour servir, retournez le gâteau sur une assiette de service et retirez le film alimentaire (pellicule plastique). Décorer avec le reste de crème et garnir d'amandes.

Bûche de Noël

En fait un

3 oeufs

100 g/4 oz/½ tasse de sucre en poudre (superfin)

100 g/4 oz/1 tasse de farine nature (tout usage)

50 g/2 oz/½ tasse de chocolat nature (mi-sucré), râpé

15 ml/1 cuillère à soupe d'eau chaude

Sucre en poudre (superfin) pour rouler

Pour le glaçage (glaçage) :

175 g/6 oz/¾ tasse de beurre ou de margarine, ramollie

350 g/12 oz/2 tasses de sucre à glacer (confiseur), tamisé

30 ml/2 cuillères à soupe d'eau tiède

30 ml/2 cuillères à soupe de poudre de cacao (chocolat non sucré)

Feuilles de houx et merle (facultatif)

Battez ensemble les œufs et le sucre dans un bol résistant à la chaleur posé sur une casserole d'eau frémissante. Continuez à battre jusqu'à ce que le mélange soit ferme et se détache du fouet en rubans. Retirer du feu et battre jusqu'à refroidissement. Incorporez la moitié de la farine, puis le chocolat, puis le reste de la farine, puis incorporez l'eau. Verser dans un moule à rouleaux suisses graissé et tapissé (moule à gelée) et cuire au four préchauffé à 220°C/425°F/thermostat 7 pendant environ 10 minutes jusqu'à ce qu'il soit ferme au toucher. Saupoudrer une grande feuille de papier sulfurisé (ciré) de sucre en poudre. Démoulez le gâteau sur le papier et coupez les bords. Couvrir d'une autre feuille de papier et enrouler sans serrer à partir du bord court.

Pour faire le glaçage, battre ensemble le beurre ou la margarine et le sucre glace, puis incorporer l'eau et le cacao. Déroulez le gâteau froid, retirez le papier et tartinez le gâteau avec la moitié du glaçage. Roulez-le à nouveau, puis glacez-le avec le reste de glaçage en le marquant avec une fourchette pour qu'il ressemble à une bûche. Tamisez un peu de sucre glace dessus et décorez selon vos envies.

Gâteau Bonnet De Pâques

Pour un gâteau de 20 cm/8 po

75 g/3 oz/1/3 tasse de sucre muscovado

3 oeufs

75 g/3 oz/¾ tasse de farine autolevante (autolevante)

15 ml/1 cuillère à soupe de poudre de cacao (chocolat non sucré)

15 ml/1 cuillère à soupe d'eau tiède

Pour le remplissage:
50 g/2 oz/¼ tasse de beurre ou de margarine, ramolli

75 g/3 oz/½ tasse de sucre glace (confiseur), tamisé

Pour la garniture :
100 g/4 oz/1 tasse de chocolat nature (mi-sucré)

25 g/1 oz/2 cuillères à soupe de beurre ou de margarine

Fleurs en ruban ou en sucre (facultatif)

Battez ensemble le sucre et les œufs dans un bol résistant à la chaleur posé sur une casserole d'eau frémissante. Continuez à battre jusqu'à ce que le mélange soit épais et crémeux. Laisser reposer quelques minutes, puis retirer du feu et battre à nouveau jusqu'à ce que le mélange laisse une trace lorsque le fouet est retiré. Incorporez la farine et le cacao, puis incorporez l'eau. Verser le mélange dans un moule à gâteau (moule) beurré et chemisé de 20 cm/8 po et dans un moule à gâteau graissé et chemisé de 15 cm/6 po. Cuire au four préchauffé à 200°C/400°F/thermostat 6 pendant 15 à 20 minutes jusqu'à ce qu'ils soient bien levés et fermes au toucher. Laisser refroidir sur une grille.

Pour réaliser la garniture, battre ensemble la margarine et le sucre glace. Utilisez-le pour placer le petit gâteau en sandwich sur le plus gros.

Pour préparer la garniture, faites fondre le chocolat et le beurre ou la margarine dans un bol résistant à la chaleur posé sur une casserole d'eau frémissante. Versez la garniture sur le gâteau et étalez-la avec un couteau trempé dans l'eau chaude afin qu'elle soit complètement recouverte. Décorez le pourtour avec un ruban ou des fleurs en sucre.

Gâteau Simnel de Pâques

Pour un gâteau de 20 cm/8 po

225 g/8 oz/1 tasse de beurre ou de margarine, ramolli

225 g/8 oz/1 tasse de cassonade molle

Le zeste râpé d'1 citron

4 œufs, battus

225 g/8 oz/2 tasses de farine nature (tout usage)

5 ml/1 cuillère à café de levure chimique

2,5 ml/½ cuillère à café de muscade râpée

50 g/2 oz/½ tasse de farine de maïs (amidon de maïs)

100 g/4 oz/2/3 tasse de raisins secs (raisins dorés)

100 g/4 oz/2/3 tasse de raisins secs

75 g/3 oz/½ tasse de groseilles

100 g/4 oz/½ tasse de cerises glacées (confites), hachées

25 g/1 oz/¼ tasse d'amandes moulues

450 g/1 lb de pâte d'amande

30 ml/2 cuillères à soupe de confiture d'abricots (en conserve)

1 blanc d'oeuf battu

Battre ensemble le beurre ou la margarine, le sucre et le zeste de citron jusqu'à obtenir une consistance pâle et mousseuse.

Incorporez progressivement les œufs, puis incorporez la farine, la levure chimique, la muscade et la maïzena. Incorporez les fruits et les amandes. Verser la moitié du mélange dans un moule à gâteau (moule) profond de 20 cm/8 po graissé et tapissé. Étalez la moitié de la pâte d'amande en un cercle de la taille du gâteau et déposez-la sur le mélange. Remplissez avec le reste du mélange et faites cuire au four préchauffé à 160°C/325°F/thermostat 3 pendant 2 à 2½ heures jusqu'à ce qu'ils soient dorés. Laisser refroidir dans le moule. Une fois refroidi, démoulez-le et enveloppez-le dans du papier sulfurisé (ciré). Conserver dans un contenant hermétique jusqu'à trois semaines si possible pour mûrir.

Pour terminer le gâteau, badigeonnez le dessus de confiture. Abaisser les trois quarts de la pâte d'amande restante sur un cercle de 20 cm, resserrer les bords et disposer sur le gâteau. Roulez le reste de pâte d'amande en 11 boules (pour représenter les disciples sans Judas). Badigeonnez le dessus du gâteau de blanc d'œuf battu et disposez les boules sur le pourtour du gâteau, puis badigeonnez-les de blanc d'œuf. Placer sous un gril chaud pendant environ une minute pour le dorer légèrement.

Gâteau de la Douzième Nuit

Pour un gâteau de 20 cm/8 po

225 g/8 oz/1 tasse de beurre ou de margarine, ramolli

225 g/8 oz/1 tasse de cassonade molle

4 œufs, battus

225 g/8 oz/2 tasses de farine nature (tout usage)

5 ml/1 cuillère à café d'épices mélangées moulues (pour tarte aux pommes)

175 g/6 oz/1 tasse de raisins secs (raisins dorés)

100 g/4 oz/2/3 tasse de raisins secs

75 g/3 oz/½ tasse de groseilles

50 g/2 oz/¼ tasse de cerises glacées (confites)

50 g/2 oz/1/3 tasse de zestes mélangés (confits) hachés

30 ml/2 cuillères à soupe de lait

12 bougies pour décorer

Battre ensemble le beurre ou la margarine et le sucre jusqu'à ce qu'ils soient pâles et mousseux. Incorporer progressivement les œufs, puis incorporer la farine, le mélange d'épices, les fruits et les zestes et mélanger jusqu'à homogénéité, en ajoutant un peu de lait si nécessaire pour obtenir un mélange souple. Verser dans un moule à cake de 20 cm beurré et chemisé et cuire au four préchauffé à 180°C/350°F/thermostat 4 pendant 2 heures jusqu'à ce qu'un cure-dent inséré au centre en ressorte propre. Partir

Gâteau aux pommes au micro-ondes

Donne un carré de 23 cm/9 pouces

100 g/4 oz/½ tasse de beurre ou de margarine, ramollie

100 g/4 oz/½ tasse de cassonade molle

30 ml/2 cuillères à soupe de sirop doré (maïs léger)

2 œufs légèrement battus

225 g/8 oz/2 tasses de farine autolevante (autolevante)

10 ml/2 cuillères à café d'épices mélangées moulues (pour tarte aux pommes)

120 ml/4 fl oz/½ tasse de lait

2 pommes à cuire (tartes), pelées, évidées et tranchées finement

15 ml/1 cuillère à soupe de sucre en poudre (superfin)

5 ml/1 cuillère à café de cannelle moulue

Crémer ensemble le beurre ou la margarine, la cassonade et le sirop jusqu'à ce qu'ils soient pâles et mousseux. Incorporez progressivement les œufs. Incorporez la farine et le mélange d'épices, puis incorporez le lait jusqu'à obtenir une consistance molle. Incorporer les pommes. Verser dans un moule annulaire pour micro-ondes de 23 cm/9 pouces (moule tubulaire) graissé et tapissé de base et mettre au micro-ondes à puissance moyenne pendant 12 minutes jusqu'à ce qu'il soit ferme. Laisser reposer 5 minutes, puis retourner la tarte et saupoudrer de sucre semoule et de cannelle.

Gâteau à la compote de pommes au micro-ondes

Pour un gâteau de 20 cm/8 po

100 g/4 oz/½ tasse de beurre ou de margarine, ramollie

175 g/6 oz/¾ tasse de cassonade molle

1 œuf légèrement battu

175 g/6 oz/1½ tasse de farine nature (tout usage)

2,5 ml/½ cuillère à café de levure chimique

Une pincée de sel

2,5 ml/½ cuillère à café de piment de la Jamaïque moulu

1,5 ml/¼ cuillère à café de muscade râpée

1,5 ml/¼ cuillère à café de clous de girofle moulus

300 ml/½ pt/1¼ tasse de purée de pomme non sucrée (sauce)

75 g/3 oz/½ tasse de raisins secs

Sucre glace (confiseur) pour saupoudrer

Battre ensemble le beurre ou la margarine et la cassonade jusqu'à obtenir une consistance légère et mousseuse. Incorporez progressivement l'œuf, puis incorporez la farine, la levure chimique, le sel et les épices en alternant avec la purée de pommes et les raisins secs. Verser dans un plat carré de 20 cm/8 po graissé et fariné et mettre au micro-ondes à puissance élevée pendant 12 minutes. Laisser refroidir dans le plat, puis couper en carrés et saupoudrer de sucre glace.

Gâteau aux pommes et aux noix au micro-ondes

Pour un gâteau de 20 cm/8 po

175 g/6 oz/¾ tasse de beurre ou de margarine, ramollie

100 g/4 oz/½ tasse de sucre en poudre (superfin)

3 œufs légèrement battus

30 ml/2 cuillères à soupe de sirop doré (maïs léger)

Le zeste râpé et le jus d'1 citron

175 g/6 oz/1½ tasse de farine autolevante (autolevante)

50 g/2 oz/½ tasse de noix, hachées

1 pomme à manger (dessert), pelée, épépinée et hachée

100 g/4 oz/2/3 tasse de sucre glace (confiseur)

30 ml/2 cuillères à soupe de jus de citron

15 ml/1 cuillère à soupe d'eau

Moitiés de noix pour décorer

Battre ensemble le beurre ou la margarine et le sucre en poudre jusqu'à obtenir une consistance légère et mousseuse. Ajoutez progressivement les œufs, puis le sirop, le zeste et le jus de citron. Incorporer la farine, les noix hachées et la pomme. Verser dans un plat rond à micro-ondes graissé de 20 cm/8 po et mettre au micro-ondes à puissance élevée pendant 4 minutes. Retirer du four et couvrir de papier d'aluminium. Laisser refroidir. Mélangez le sucre glace avec le jus de citron et suffisamment d'eau pour former un glaçage lisse (glaçage). Répartir sur le gâteau et décorer de moitiés de noix.

Gâteau aux carottes au micro-ondes

Pour un gâteau de 18 cm/7 pouces

100 g/4 oz/½ tasse de beurre ou de margarine, ramollie

100 g/4 oz/½ tasse de cassonade molle

2 oeufs, battus

Écorce râpé et jus d'1 orange

2,5 ml/½ cuillère à café de cannelle moulue

Une pincée de muscade râpée

100 g de carottes râpées

100 g/4 oz/1 tasse de farine autolevante (autolevante)

25 g/1 oz/¼ tasse d'amandes moulues

25 g/1 oz/2 cuillères à soupe de sucre en poudre (superfin)

Pour la garniture :
100 g/4 oz/½ tasse de fromage à la crème

50 g/2 oz/1/3 tasse de sucre glace (confiseur), tamisé

30 ml/2 cuillères à soupe de jus de citron

Battre ensemble le beurre et le sucre jusqu'à obtenir une consistance légère et mousseuse. Incorporez progressivement les œufs, puis incorporez le jus et le zeste d'orange, les épices et les carottes. Incorporez la farine, les amandes et le sucre. Verser dans un plat à gâteau de 18 cm/7 po graissé et tapissé et couvrir d'un film alimentaire (pellicule plastique). Cuire au micro-ondes à puissance élevée pendant 8 minutes jusqu'à ce qu'un cure-dent inséré au centre en ressorte propre. Retirez le film alimentaire et laissez reposer 8 minutes avant de démouler sur une grille pour terminer le refroidissement. Battez les ingrédients de la garniture ensemble, puis étalez-les sur le gâteau refroidi.

Gâteau aux carottes, à l'ananas et aux noix au micro-ondes

Pour un gâteau de 20 cm/8 po

225 g/8 oz/1 tasse de sucre en poudre (superfin)

2 oeufs

120 ml/4 fl oz/½ tasse d'huile

1,5 ml/¼ cuillère à café de sel

5 ml/1 cuillère à café de bicarbonate de soude (bicarbonate de soude)

100 g/4 oz/1 tasse de farine autolevante (autolevante)

5 ml/1 cuillère à café de cannelle moulue

175 g/6 oz de carottes, râpées

75 g/3 oz/¾ tasse de noix, hachées

225 g/8 oz d'ananas écrasé avec son jus

                        Pour le glaçage (glaçage) :
15 g/½ oz/1 cuillère à soupe de beurre ou de margarine

50 g/2 oz/¼ tasse de fromage à la crème

10 ml/2 cuillères à café de jus de citron

Sucre glace (à confiserie), tamisé

Tapisser un grand moule circulaire (moule tubulaire) de papier sulfurisé. Battre ensemble le sucre, les œufs et l'huile. Incorporer délicatement les ingrédients secs jusqu'à ce que le tout soit bien mélangé. Incorporer le reste des ingrédients du gâteau. Versez le mélange dans le moule préparé, placez-le sur une grille ou une assiette retournée et mettez-le au micro-ondes à puissance élevée pendant 13 minutes ou jusqu'à ce qu'il soit tout juste pris. Laisser reposer 5 minutes, puis démouler sur une grille pour refroidir.

Pendant ce temps, préparez le glaçage. Mettez le beurre ou la margarine, le fromage à la crème et le jus de citron dans un bol et mettez au micro-ondes à puissance élevée pendant 30 à 40 secondes. Incorporez progressivement suffisamment de sucre glace pour obtenir une consistance épaisse et battez jusqu'à consistance mousseuse. Lorsque le gâteau est froid, étalez-le sur le glaçage.

Gâteaux au son épicés au micro-ondes

Donne 15

75 g/3 oz/¾ tasse de céréales All Bran

250 ml/8 fl oz/1 tasse de lait

175 g/6 oz/1½ tasse de farine nature (tout usage)

75 g/3 oz/1/3 tasse de sucre en poudre (superfin)

10 ml/2 cuillères à café de levure chimique

10 ml/2 cuillères à café d'épices mélangées moulues (pour tarte aux pommes)

Une pincée de sel

60 ml/4 cuillères à soupe de sirop doré (maïs léger)

45 ml/3 cuillères à soupe d'huile

1 œuf légèrement battu

75 g/3 oz/½ tasse de raisins secs

15 ml/1 cuillère à soupe de zeste d'orange râpé

Faites tremper les céréales dans le lait pendant 10 minutes. Mélanger la farine, le sucre, la levure chimique, le mélange d'épices et le sel, puis incorporer aux céréales. Incorporer le sirop, l'huile, l'œuf, les raisins secs et le zeste d'orange. Verser dans des caissettes en papier (papiers à cupcakes) et cuire au micro-ondes cinq gâteaux à la fois à puissance élevée pendant 4 minutes. Répétez l'opération pour les gâteaux restants.

Cheesecake banane et fruit de la passion au micro-ondes

Pour un gâteau de 23 cm/9 po

100 g/4 oz/½ tasse de beurre ou de margarine, fondu

175 g/6 oz/1½ tasse de chapelure de biscuit au gingembre

250 g/9 oz/1 tasse généreuse de fromage à la crème

175 ml/6 fl oz/¾ tasse de crème aigre (aigre-laitière)

2 œufs légèrement battus

100 g/4 oz/½ tasse de sucre en poudre (superfin)

Le zeste râpé et le jus d'1 citron

150 ml/¼ pt/2/3 tasse de crème fouettée

1 banane, tranchée

1 fruit de la passion haché

Mélangez le beurre ou la margarine et la chapelure de biscuits et pressez-les dans le fond et les côtés d'un plat à flan pour micro-ondes de 23 cm. Cuire au micro-ondes à puissance élevée pendant 1 minute. Laisser refroidir.

> Battez ensemble le fromage à la crème et la crème sure jusqu'à consistance lisse, puis incorporez l'œuf, le sucre, le jus et le zeste de citron. Verser dans la base et étaler uniformément. Cuire à feu moyen pendant 8 minutes. Laisser refroidir.

Fouettez la crème jusqu'à ce qu'elle soit ferme, puis étalez-la sur le fond. Garnir de tranches de banane et déposer la chair du fruit de la passion dessus.

Cheesecake à l'orange cuit au micro-ondes

Pour un gâteau de 20 cm/8 po

50 g/2 oz/¼ tasse de beurre ou de margarine

12 biscuits digestifs (crackers Graham), écrasés

100 g/4 oz/½ tasse de sucre en poudre (superfin)

225 g/8 oz/1 tasse de fromage à la crème

2 oeufs

30 ml/2 cuillères à soupe de jus d'orange concentré

15 ml/1 cuillère à soupe de jus de citron

150 ml/¼ pt/2/3 tasse de crème aigre (aigre-laitière)

Une pincée de sel

1 orange

30 ml/2 cuillères à soupe de confiture d'abricots (en conserve)

150 ml/¼ pt/2/3 tasse de crème double (épaisse)

Faire fondre le beurre ou la margarine dans un plat à flan de 20 cm au micro-ondes à puissance élevée pendant 1 minute. Incorporer la chapelure de biscuits et 25 g/1 oz/2 cuillères à soupe de sucre et presser sur le fond et les côtés du plat. Crémer le fromage avec le reste du sucre et les œufs, puis incorporer les jus d'orange et de citron, la crème sure et le sel. Verser dans le boîtier (coquille) et mettre au micro-ondes à puissance élevée pendant 2 minutes. Laisser reposer 2 minutes, puis passer au micro-ondes à puissance élevée pendant encore 2 minutes. Laisser reposer 1 minute, puis passer au micro-ondes à puissance élevée pendant 1 minute. Laisser refroidir.

Épluchez l'orange et retirez les segments de la membrane à l'aide d'un couteau bien aiguisé. Faire fondre la confiture et badigeonner le dessus du cheesecake. Fouetter la crème et dresser le pourtour du cheesecake, puis décorer avec les quartiers d'orange.

Cheesecake à l'ananas au micro-ondes

Pour un gâteau de 23 cm/9 po

100 g/4 oz/½ tasse de beurre ou de margarine, fondu

175 g/6 oz/1½ tasse de chapelure de biscuit digestif (biscuits Graham)

250 g/9 oz/1 tasse généreuse de fromage à la crème

2 œufs légèrement battus

5 ml/1 cuillère à café de zeste de citron râpé

30 ml/2 cuillères à soupe de jus de citron

75 g/3 oz/1/3 tasse de sucre en poudre (superfin)

400 g/14 oz/1 grosse boîte d'ananas, égoutté et écrasé

150 ml/¼ pt/2/3 tasse de crème double (épaisse)

Mélangez le beurre ou la margarine et la chapelure de biscuits et pressez-les dans le fond et les côtés d'un plat à flan pour micro-ondes de 23 cm. Cuire au micro-ondes à puissance élevée pendant 1 minute. Laisser refroidir.

Battre ensemble le fromage à la crème, les œufs, le zeste, le jus et le sucre de citron jusqu'à consistance lisse. Incorporer l'ananas et verser dans la base. Cuire au micro-ondes à puissance moyenne pendant 6 minutes jusqu'à consistance ferme. Laisser refroidir.

Fouettez la crème jusqu'à ce qu'elle soit ferme, puis empilez-la sur le cheesecake.

Pain aux cerises et aux noix au micro-ondes

Donne un pain de 900 g/2 lb

175 g/6 oz/¾ tasse de beurre ou de margarine, ramollie

175 g/6 oz/¾ tasse de cassonade molle

3 œufs battus

225 g/8 oz/2 tasses de farine nature (tout usage)

10 ml/2 cuillères à café de levure chimique

Une pincée de sel

45 ml/3 cuillères à soupe de lait

75 g/3 oz/1/3 tasse de cerises glacées (confites)

75 g/3 oz/¾ tasse de noix mélangées hachées

25 g/1 oz/3 cuillères à soupe de sucre glace (confiseur), tamisé

Battre ensemble le beurre ou la margarine et la cassonade jusqu'à obtenir une consistance légère et mousseuse. Incorporez progressivement les œufs, puis incorporez la farine, la levure chimique et le sel. Incorporer suffisamment de lait pour obtenir une consistance molle, puis incorporer les cerises et les noix. Verser dans un plat à pain pour micro-ondes de 900 g/2 lb graissé et tapissé et saupoudrer de sucre. Cuire au micro-ondes à puissance élevée pendant 7 minutes. Laisser reposer 5 minutes, puis démouler sur une grille pour terminer le refroidissement.

Gâteau au chocolat au micro-ondes

Pour un gâteau de 18 cm/7 pouces

225 g/8 oz/1 tasse de beurre ou de margarine, ramolli

175 g/6 oz/¾ tasse de sucre en poudre (superfin)

150 g/5 oz/1¼ tasse de farine autolevante (autolevante)

50 g/2 oz/¼ tasse de cacao (chocolat non sucré) en poudre

5 ml/1 cuillère à café de levure chimique

3 œufs battus

45 ml/3 cuillères à soupe de lait

Mélanger tous les ingrédients et verser dans un plat à micro-ondes de 18 cm/7 po graissé et tapissé. Cuire au micro-ondes à puissance élevée pendant 9 minutes jusqu'à ce qu'il soit juste ferme au toucher. Laisser refroidir dans le plat pendant 5 minutes, puis démouler sur une grille pour terminer le refroidissement.

Gâteau aux amandes et au chocolat au micro-ondes

Pour un gâteau de 20 cm/8 po

Pour le gâteau :

100 g/4 oz/½ tasse de beurre ou de margarine, ramollie

100 g/4 oz/½ tasse de sucre en poudre (superfin)

2 œufs légèrement battus

100 g/4 oz/1 tasse de farine autolevante (autolevante)

50 g/2 oz/½ tasse de cacao (chocolat non sucré) en poudre

50 g/2 oz/½ tasse d'amandes moulues

150 ml/¼ pt/2/3 tasse de lait

60 ml/4 cuillères à soupe de sirop doré (maïs léger)

Pour le glaçage (glaçage) :

100 g/4 oz/1 tasse de chocolat nature (mi-sucré)

25 g/1 oz/2 cuillères à soupe de beurre ou de margarine

8 amandes entières

Pour faire le gâteau, battre ensemble le beurre ou la margarine et le sucre jusqu'à obtenir une consistance légère et mousseuse. Incorporez progressivement les œufs, puis incorporez la farine et le cacao, puis la poudre d'amandes. Incorporer le lait et le sirop et battre jusqu'à ce que le mélange soit léger et tendre. Verser dans un plat à micro-ondes de 20 cm recouvert d'un film alimentaire (pellicule plastique) et mettre au micro-ondes à puissance élevée pendant 4 minutes. Retirer du four, couvrir le dessus de papier d'aluminium et laisser refroidir légèrement, puis démouler sur une grille pour terminer le refroidissement.

Pour faire le glaçage, faites fondre le chocolat et le beurre ou la margarine à puissance élevée pendant 2 minutes. Battez bien. Trempez à moitié les amandes dans le chocolat, puis laissez-les prendre sur une feuille de papier sulfurisé (ciré). Versez le reste du glaçage sur le gâteau et étalez-le sur le dessus et sur les côtés. Décorer avec les amandes et laisser prendre.

Brownies double chocolat au micro-ondes

Cela fait 8

150 g/5 oz/1¼ tasse de chocolat nature (mi-sucré), haché grossièrement

75 g/3 oz/1/3 tasse de beurre ou de margarine

175 g/6 oz/¾ tasse de cassonade molle

2 œufs légèrement battus

150 g/5 oz/1¼ tasse de farine nature (tout usage)

2,5 ml/½ cuillère à café de levure chimique

2,5 ml/½ cuillère à café d'essence de vanille (extrait)

30 ml/2 cuillères à soupe de lait

Faites fondre 50 g/2 oz/½ tasse de chocolat avec le beurre ou la margarine à puissance élevée pendant 2 minutes. Incorporer le sucre et les œufs, puis incorporer la farine, la levure chimique, l'essence de vanille et le lait jusqu'à consistance lisse. Verser dans un plat carré de 20 cm/8 po graissé et cuire au micro-ondes à puissance élevée pendant 7 minutes. Laisser refroidir dans le plat 10 minutes. Faites fondre le reste du chocolat à puissance élevée pendant 1 minute, puis étalez-le sur le dessus du gâteau et laissez refroidir. Couper en carrés.

Barres de dattes au chocolat au micro-ondes

Cela fait 8

50 g/2 oz/1/3 tasse de dattes dénoyautées, hachées

60 ml/4 cuillères à soupe d'eau bouillante

65 g/2½ oz/1/3 tasse de beurre ou de margarine, ramollie

225 g/8 oz/1 tasse de sucre en poudre (superfin)

1 oeuf

100 g/4 oz/1 tasse de farine nature (tout usage)

10 ml/2 cuillères à café de poudre de cacao (chocolat non sucré)

2,5 ml/½ cuillère à café de levure chimique

Une pincée de sel

25 g/1 oz/¼ tasse de noix mélangées hachées

100 g/4 oz/1 tasse de chocolat nature (mi-sucré), finement haché

Mélangez les dattes avec l'eau bouillante et laissez reposer jusqu'à refroidissement. Battre ensemble le beurre ou la margarine avec la moitié du sucre jusqu'à consistance légère et mousseuse. Incorporez progressivement l'œuf, puis incorporez alternativement la farine, le cacao, la levure chimique et le sel ainsi que le mélange de dattes. Verser dans un plat carré à micro-ondes de 20 cm/8 po graissé et fariné. Mélangez le sucre restant avec les noix et le chocolat et saupoudrez dessus en appuyant légèrement. Cuire au micro-ondes à puissance élevée pendant 8 minutes. Laisser refroidir dans le plat avant de découper en carrés.

Carrés de chocolat au micro-ondes

Donne 16

Pour le gâteau :

50 g/2 oz/¼ tasse de beurre ou de margarine

5 ml/1 cuillère à café de sucre en poudre (superfin)

75 g/3 oz/¾ tasse de farine nature (tout usage)

1 jaune d'oeuf

15 ml/1 cuillère à soupe d'eau

175 g/6 oz/1½ tasse de chocolat nature (mi-sucré), râpé ou finement haché

Pour la garniture :

50 g /2 oz/¼ tasse de beurre ou de margarine

50 g/2 oz/¼ tasse de sucre en poudre (superfin)

1 oeuf

2,5 ml/½ cuillère à café d'essence de vanille (extrait)

100 g/4 oz/1 tasse de noix, hachées

Pour réaliser le gâteau, ramollir le beurre ou la margarine et incorporer le sucre, la farine, le jaune d'œuf et l'eau. Répartir uniformément le mélange dans un plat carré de 20 cm/8 po pour micro-ondes et mettre au micro-ondes à puissance élevée pendant 2 minutes. Saupoudrer de chocolat et mettre au micro-ondes à puissance élevée pendant 1 minute. Répartir uniformément sur la base et laisser durcir.

Pour préparer la garniture, passez le beurre ou la margarine au micro-ondes à puissance élevée pendant 30 secondes. Incorporer le reste des ingrédients de la garniture et étaler sur le chocolat. Cuire au micro-ondes à puissance élevée pendant 5 minutes. Laissez refroidir puis coupez en carrés.

Gâteau au café rapide au micro-ondes

Pour un gâteau de 19 cm/7 pouces

Pour le gâteau :

225 g/8 oz/1 tasse de beurre ou de margarine, ramolli

225 g/8 oz/1 tasse de sucre en poudre (superfin)

225 g/8 oz/2 tasses de farine autolevante (autolevante)

5 œufs

45 ml/3 cuillères à soupe d'essence de café (extrait)

Pour le glaçage (glaçage) :

30 ml/2 cuillères à soupe d'essence de café (extrait)

175 g/6 oz/¾ tasse de beurre ou de margarine

Sucre glace (à confiserie), tamisé

Moitiés de noix pour décorer

Mélanger tous les ingrédients du gâteau jusqu'à ce que le tout soit bien mélangé. Répartir dans deux moules à gâteau de 19 cm/7 au micro-ondes et cuire chacun à puissance élevée pendant 5 à 6 minutes. Retirer du micro-ondes et laisser refroidir.

Mélangez les ingrédients du glaçage en adoucissant au goût avec du sucre glace. Une fois refroidis, prenez les gâteaux en sandwich avec la moitié du glaçage et étalez le reste dessus. Décorer avec des moitiés de noix.

Gâteau de Noël au micro-ondes

Pour un gâteau de 23 cm/9 po

150 g/5 oz/2/3 tasse de beurre ou de margarine, ramollie

150 g/5 oz/2/3 tasse de cassonade molle

3 oeufs

30 ml/2 cuillères à soupe de mélasse noire (mélasse)

225 g/8 oz/2 tasses de farine autolevante (autolevante)

10 ml/2 cuillères à café d'épices mélangées moulues (pour tarte aux pommes)

2. 5 ml/½ cuillère à café de muscade râpée

2,5 ml/½ cuillère à café de bicarbonate de soude (bicarbonate de soude)

450 g/1 lb/22/3 tasses de fruits secs mélangés (mélange à gâteau aux fruits)

50 g/2 oz/¼ tasse de cerises glacées (confites)

50 g/2 oz/1/3 tasse de zeste mélangé haché

50 g/2 oz/½ tasse de noix mélangées hachées

30 ml/2 cuillères à soupe de cognac

Cognac supplémentaire pour faire mûrir le gâteau (facultatif)

Battre ensemble le beurre ou la margarine et le sucre jusqu'à obtenir une consistance légère et mousseuse. Incorporez progressivement les œufs et la mélasse, puis incorporez la farine, les épices et le bicarbonate de soude. Incorporer délicatement les fruits, le mélange de zestes et de noix, puis incorporer le cognac. Verser dans un plat à micro-ondes de 23 cm/9 po recouvert d'un fond et mettre au micro-ondes à puissance faible pendant 45 à 60 minutes. Laisser refroidir dans le plat 15 minutes avant de démouler sur une grille pour terminer le refroidissement.

Une fois refroidi, enveloppez le gâteau dans du papier aluminium et conservez-le dans un endroit frais et sombre pendant 2 semaines. Si vous le souhaitez, percez le dessus du gâteau plusieurs fois avec une fine pique à brochette et saupoudrez d'un peu de cognac supplémentaire, puis réemballez et conservez le gâteau. Vous pouvez le faire plusieurs fois pour créer un gâteau plus riche.

Gâteau aux miettes au micro-ondes

Pour un gâteau de 20 cm/8 po

300 g/10 oz/1¼ tasse de sucre en poudre (superfin)

225 g/8 oz/2 tasses de farine nature (tout usage)

10 ml/2 cuillères à café de levure chimique

5 ml/1 cuillère à café de cannelle moulue

100 g/4 oz/½ tasse de beurre ou de margarine, ramollie

2 œufs légèrement battus

100 ml/3½ fl oz/6½ cuillères à soupe de lait

Mélangez le sucre, la farine, la levure chimique et la cannelle. Incorporez le beurre ou la margarine, puis réservez un quart du mélange. Mélangez les œufs et le lait et incorporez-les à la plus grande portion de préparation à gâteau. Verser le mélange dans un plat à micro-ondes de 20 cm graissé et fariné et saupoudrer du mélange à crumble réservé. Cuire au micro-ondes à puissance élevée pendant 10 minutes. Laisser refroidir dans le plat.

Barres de dattes au micro-ondes

Donne 12

150 g/5 oz/1¼ tasse de farine autolevante (autolevante)

175 g/6 oz/¾ tasse de sucre en poudre (superfin)

100 g/4 oz/1 tasse de noix de coco desséchée (râpée)

100 g/4 oz/2/3 tasses de dattes dénoyautées, hachées

50 g/2 oz/½ tasse de noix mélangées hachées

100 g/4 oz/½ tasse de beurre ou de margarine, fondu

1 œuf légèrement battu

Sucre glace (de confiserie) pour saupoudrer

Mélangez les ingrédients secs. Incorporer le beurre ou la margarine et l'œuf et mélanger jusqu'à obtenir une pâte ferme. Presser dans le fond d'un plat carré de 20 cm/8 po pour micro-ondes et mettre au micro-ondes à puissance moyenne pendant 8 minutes jusqu'à ce qu'il soit juste ferme. Laisser reposer 10 minutes dans le plat, puis couper en barres et démouler sur une grille pour terminer le refroidissement.

Pain aux figues au micro-ondes

Donne un pain de 675 g/1½ lb

100 g/4 oz/2 tasses de son

50 g/2 oz/¼ tasse de cassonade molle

45 ml/3 cuillères à soupe de miel clair

100 g/4 oz/2/3 tasse de figues séchées, hachées

50 g/2 oz/½ tasse de noisettes hachées

300 ml/½ pt/1¼ tasse de lait

100 g/4 oz/1 tasse de farine complète (blé complet)

10 ml/2 cuillères à café de levure chimique

Une pincée de sel

Mélangez tous les ingrédients pour obtenir une pâte ferme. Façonner dans un plat à pain pour micro-ondes et niveler la surface. Cuire à puissance élevée pendant 7 minutes. Laisser refroidir dans le plat pendant 10 minutes, puis démouler sur une grille pour terminer le refroidissement.

Flapjacks au micro-ondes

Donne 24

175 g/6 oz/¾ tasse de beurre ou de margarine, ramollie

50 g/2 oz/¼ tasse de sucre en poudre (superfin)

50 g/2 oz/¼ tasse de cassonade molle

90 ml/6 cuillères à soupe de sirop doré (maïs léger)

Une pincée de sel

275 g/10 oz/2½ tasses de flocons d'avoine

Mélangez le beurre ou la margarine et les sucres dans un grand bol et faites cuire à puissance élevée pendant 1 minute. Ajouter le reste des ingrédients et bien mélanger. Verser le mélange dans un plat à micro-ondes graissé de 18 cm/7 po et presser légèrement. Cuire à puissance élevée pendant 5 minutes. Laissez refroidir légèrement puis coupez en carrés.

Gâteau aux fruits au micro-ondes

Pour un gâteau de 18 cm/7 pouces

175 g/6 oz/¾ tasse de beurre ou de margarine, ramollie

175 g/6 oz/¾ tasse de sucre en poudre (superfin)

Le zeste râpé d'1 citron

3 œufs battus

225 g/8 oz/2 tasses de farine nature (tout usage)

5 ml/1 cuillère à café d'épices mélangées moulues (pour tarte aux pommes)

225 g/8 oz/11/3 tasses de raisins secs

225 g/8 oz/11/3 tasses de raisins secs (raisins dorés)

50 g/2 oz/¼ tasse de cerises glacées (confites)

50 g/2 oz/½ tasse de noix mélangées hachées

15 ml/1 cuillère à soupe de sirop doré (maïs léger)

45 ml/3 cuillères à soupe de cognac

Battre ensemble le beurre ou la margarine et le sucre jusqu'à obtenir une consistance légère et mousseuse. Incorporer le zeste de citron, puis incorporer progressivement les œufs. Incorporer la farine et le mélange d'épices, puis incorporer le reste des ingrédients. Verser dans un plat rond à micro-ondes de 18 cm graissé et tapissé et mettre au micro-ondes à puissance faible pendant 35 minutes jusqu'à ce qu'un cure-dent inséré au centre en ressorte propre. Laisser refroidir dans le plat pendant 10 minutes, puis démouler sur une grille pour terminer le refroidissement.

Carrés aux fruits et à la noix de coco au micro-ondes

Cela fait 8

50 g/2 oz/¼ tasse de beurre ou de margarine

9 biscuits digestifs (crackers Graham), écrasés

50 g/2 oz/½ tasse de noix de coco desséchée (râpée)

100 g/4 oz/2/3 tasse de zestes mélangés (confits) hachés

50 g/2 oz/1/3 tasse de dattes dénoyautées, hachées

15 ml/1 cuillère à soupe de farine nature (tout usage)

25 g/1 oz/2 cuillères à soupe de cerises glacées, hachées

100 g/4 oz/1 tasse de noix, hachées

150 ml/¼ pt/2/3 tasse de lait concentré

Faire fondre le beurre ou la margarine dans un plat carré de 20 cm au micro-ondes à puissance élevée pendant 40 secondes. Incorporer la chapelure de biscuit et répartir uniformément sur le fond du plat. Saupoudrer de noix de coco, puis des écorces mélangées. Mélangez les dattes avec la farine, les cerises et les noix et saupoudrez dessus, puis versez dessus le lait. Cuire au micro-ondes à puissance élevée pendant 8 minutes. Laisser refroidir dans le plat, puis couper en carrés.

Gâteau au fudge au micro-ondes

Pour un gâteau de 20 cm/8 po

150 g/5 oz/1¼ tasse de farine nature (tout usage)

5 ml/1 cuillère à café de levure chimique

Une pincée de bicarbonate de soude (bicarbonate de soude)

Une pincée de sel

300 g/10 oz/1¼ tasse de sucre en poudre (superfin)

50 g/2 oz/¼ tasse de beurre ou de margarine, ramolli

250 ml/8 fl oz/1 tasse de lait

Quelques gouttes d'essence de vanille (extrait)

1 oeuf

100 g/4 oz/1 tasse de chocolat nature (mi-sucré), haché

50 g /2 oz/½ tasse de noix mélangées hachées

Glaçage au chocolat

Mélangez la farine, la levure chimique, le bicarbonate de soude et le sel. Incorporer le sucre, puis incorporer le beurre ou la margarine, le lait et l'essence de vanille jusqu'à consistance lisse. Incorporer l'œuf. Chauffer les trois quarts du chocolat à puissance élevée pendant 2 minutes jusqu'à ce qu'il soit fondu, puis incorporer au mélange à gâteau jusqu'à ce qu'il soit crémeux. Incorporer les noix. Verser le mélange dans deux plats à micro-ondes de 20 cm/8 graissés et farinés et passer chacun au micro-ondes séparément pendant 8 minutes. Retirer du four, couvrir de papier d'aluminium et laisser refroidir 10 minutes, puis démouler sur une grille pour terminer le refroidissement. Sandwicher avec la moitié du glaçage au beurre (glaçage), puis étaler le reste du glaçage sur le dessus et décorer avec le chocolat réservé.

Pain d'épices au micro-ondes

Pour un gâteau de 20 cm/8 po

50 g/2 oz/¼ tasse de beurre ou de margarine

75 g/3 oz/¼ tasse de mélasse noire (mélasse)

15 ml/1 cuillère à soupe de sucre en poudre (superfin)

100 g/4 oz/1 tasse de farine nature (tout usage)

5 ml/1 cuillère à café de gingembre moulu

2,5 ml/½ cuillère à café d'épices mélangées moulues (pour tarte aux pommes)

2,5 ml/½ cuillère à café de bicarbonate de soude (bicarbonate de soude)

1 œuf battu

Placez le beurre ou la margarine dans un bol et passez au micro-ondes à puissance élevée pendant 30 secondes. Incorporer la mélasse et le sucre et mettre au micro-ondes à puissance élevée pendant 1 minute. Incorporer la farine, les épices et le bicarbonate de soude. Incorporer l'œuf. Versez le mélange dans un plat graissé de 1,5 litre/2½ pinte/6 tasses et mettez au micro-ondes à puissance élevée pendant 4 minutes. Laisser refroidir dans le plat pendant 5 minutes, puis démouler sur une grille pour terminer le refroidissement.

Barres de gingembre au micro-ondes

Donne 12

Pour le gâteau :

150 g/5 oz/2/3 tasse de beurre ou de margarine, ramollie

50 g/2 oz/¼ tasse de sucre en poudre (superfin)

100 g/4 oz/1 tasse de farine nature (tout usage)

2,5 ml/½ cuillère à café de levure chimique

5 ml/1 cuillère à café de gingembre moulu

Pour la garniture :

15 g/½ oz/1 cuillère à soupe de beurre ou de margarine

15 ml/1 cuillère à soupe de sirop doré (maïs léger)

Quelques gouttes d'essence de vanille (extrait)

5 ml/1 cuillère à café de gingembre moulu

50 g/2 oz/1/3 tasse de sucre glace (confiseur)

Pour faire le gâteau, battre ensemble le beurre ou la margarine et le sucre jusqu'à obtenir une consistance légère et mousseuse. Incorporer la farine, la levure chimique et le gingembre et mélanger jusqu'à obtenir une pâte lisse. Presser dans un plat carré de 20 cm/8 po pour micro-ondes et mettre au micro-ondes à puissance moyenne pendant 6 minutes jusqu'à ce qu'il soit juste ferme.

Pour faire la garniture, faites fondre le beurre ou la margarine et le sirop. Incorporer l'essence de vanille, le gingembre et le sucre glace et fouetter jusqu'à épaississement. Répartir uniformément sur le gâteau chaud. Laisser refroidir dans le plat, puis couper en barres ou en carrés.

Gâteau doré au micro-ondes

Pour un gâteau de 20 cm/8 po

Pour le gâteau :
100 g/4 oz/½ tasse de beurre ou de margarine, ramollie

100 g/4 oz/½ tasse de sucre en poudre (superfin)

2 œufs légèrement battus

Quelques gouttes d'essence de vanille (extrait)

225 g/8 oz/2 tasses de farine nature (tout usage)

10 ml/2 cuillères à café de levure chimique

Une pincée de sel

60 ml/4 cuillères à soupe de lait

Pour le glaçage (glaçage) :
50 g/2 oz/¼ tasse de beurre ou de margarine, ramolli

100 g/4 oz/2/3 tasse de sucre glace (confiseur)

Quelques gouttes d'essence de vanille (extrait) (facultatif)

Pour faire le gâteau, battre ensemble le beurre ou la margarine et le sucre jusqu'à obtenir une consistance légère et mousseuse. Incorporez progressivement les œufs, puis incorporez la farine, la levure chimique et le sel. Incorporer suffisamment de lait pour obtenir une consistance molle et tombante. Répartir dans deux plats à micro-ondes de 20 cm/8 graissés et farinés et cuire chaque gâteau séparément à puissance élevée pendant 6 minutes. Retirer du four, couvrir de papier d'aluminium et laisser refroidir 5 minutes, puis démouler sur une grille pour terminer le refroidissement.

Pour faire le glaçage, battez le beurre ou la margarine jusqu'à ce qu'ils soient tendres, puis ajoutez le sucre glace et l'essence de vanille, si vous le souhaitez. Placez les gâteaux en sandwich avec la moitié du glaçage, puis étalez le reste sur le dessus.

Gâteau au miel et aux noisettes au micro-ondes

Pour un gâteau de 18 cm/7 pouces

150 g/5 oz/2/3 tasse de beurre ou de margarine, ramollie

100 g/4 oz/½ tasse de cassonade molle

45 ml/3 cuillères à soupe de miel clair

3 œufs battus

225 g/8 oz/2 tasses de farine autolevante (autolevante)

100 g/4 oz/1 tasse de noisettes moulues

45 ml/3 cuillères à soupe de lait

Glaçage au beurre

Battre ensemble le beurre ou la margarine, le sucre et le miel jusqu'à consistance légère et mousseuse. Incorporez progressivement les œufs, puis incorporez la farine, les noisettes et suffisamment de lait pour obtenir une consistance moelleuse. Verser dans un plat à micro-ondes de 18 cm et cuire à feu moyen pendant 7 minutes. Laisser refroidir dans le plat pendant 5 minutes, puis démouler sur une grille pour terminer le refroidissement. Coupez le gâteau en deux horizontalement, puis prenez-le en sandwich avec le glaçage au beurre (glaçage).

Barres de muesli tendres au micro-ondes

Donne environ 10

100 g/4 oz/½ tasse de beurre ou de margarine

175 g/6 oz/½ tasse de miel clair

50 g/2 oz/1/3 tasse d'abricots secs prêts à manger, hachés

50 g/2 oz/1/3 tasse de dattes dénoyautées, hachées

75 g/3 oz/¾ tasse de noix mélangées hachées

100 g/4 oz/1 tasse de flocons d'avoine

100 g/4 oz/½ tasse de cassonade molle

1 œuf battu

25 g/1 oz/2 cuillères à soupe de farine autolevante (autolevante)

Mettez le beurre ou la margarine et le miel dans un bol et faites cuire à puissance élevée pendant 2 minutes. Mélanger tous les ingrédients restants. Verser dans une plaque à pâtisserie de 20 cm/8 po pour micro-ondes et mettre au micro-ondes à puissance élevée pendant 8 minutes. Laisser refroidir légèrement, puis couper en carrés ou en tranches.

Gâteau aux noix au micro-ondes

Pour un gâteau de 20 cm/8 po

150 g/5 oz/1¼ tasse de farine nature (tout usage)

Une pincée de sel

5 ml/1 cuillère à café de cannelle moulue

75 g/3 oz/1/3 tasse de cassonade molle

75 g/3 oz/1/3 tasse de sucre en poudre (superfin)

75 ml/5 cuillères à soupe d'huile

25 g/1 oz/¼ tasse de noix, hachées

5 ml/1 cuillère à café de levure chimique

2,5 ml/½ cuillère à café de bicarbonate de soude (bicarbonate de soude)

1 oeuf

150 ml/¼ pt/2/3 tasse de lait caillé

Mélangez la farine, le sel et la moitié de la cannelle. Incorporer les sucres, puis incorporer l'huile jusqu'à ce que le tout soit bien mélangé. Retirez 90 ml/6 cuillères à soupe du mélange et incorporez-le aux noix et au reste de cannelle. Ajouter la levure chimique, le bicarbonate de soude, l'œuf et le lait à la majeure partie du mélange et battre jusqu'à consistance lisse. Verser le mélange principal dans un plat à micro-ondes de 20 cm/8 po graissé et fariné et saupoudrer le mélange de noix sur le dessus. Cuire au micro-ondes à puissance élevée pendant 8 minutes. Laisser refroidir dans le plat 10 minutes et servir chaud.

Gâteau au jus d'orange au micro-ondes

Pour un gâteau de 20 cm/8 po

250 g/9 oz/2¼ tasses de farine nature (tout usage)

225 g/8 oz/1 tasse de sucre cristallisé

15 ml/1 cuillère à soupe de levure chimique

2,5 ml/½ cuillère à café de sel

60 ml/4 cuillères à soupe d'huile

250 ml/8 fl oz/2 tasses de jus d'orange

2 œufs, séparés

100 g/4 oz/½ tasse de sucre en poudre (superfin)

Glaçage au beurre d'orange

Glaçage à l'orange

Mélanger la farine, le sucre cristallisé, la levure chimique, le sel, l'huile et la moitié du jus d'orange et battre jusqu'à homogénéité. Incorporer les jaunes d'œufs et le reste du jus d'orange jusqu'à ce que le mélange soit léger et tendre. Battez les blancs d'œufs en neige ferme, puis ajoutez la moitié du sucre en poudre et battez jusqu'à ce qu'ils soient épais et brillants. Incorporez le reste du sucre, puis incorporez les blancs d'œufs au mélange à gâteau. Verser dans deux plats à micro-ondes de 20 cm/8 graissés et farinés et passer chacun au micro-ondes séparément à puissance élevée pendant 6 à 8 minutes. Retirer du four, couvrir de papier d'aluminium et laisser refroidir 5 minutes, puis démouler sur une grille pour terminer le refroidissement. Sandwichez les gâteaux avec le glaçage au beurre d'orange (glaçage) et étalez le glaçage à l'orange sur le dessus.

Pavlova au micro-ondes

Pour un gâteau de 23 cm/9 po

4 blancs d'œufs

225 g/8 oz/1 tasse de sucre en poudre (superfin)

2,5 ml/½ cuillère à café d'essence de vanille (extrait)

Quelques gouttes de vinaigre de vin

150 ml/¼ pt/2/3 tasse de crème fouettée

1 kiwi, tranché

100 g/4 oz de fraises, tranchées

Battre les blancs d'œufs jusqu'à ce qu'ils forment des pics mous. Saupoudrer la moitié du sucre et bien battre. Ajoutez progressivement le reste du sucre, l'essence de vanille et le vinaigre et battez jusqu'à dissolution. Verser le mélange dans un cercle de 23 cm/9 po sur un morceau de papier sulfurisé. Cuire au micro-ondes à puissance élevée pendant 2 minutes. Laisser reposer au micro-ondes porte ouverte pendant 10 minutes. À la sortie du four, déchirez le papier support et laissez refroidir. Fouetter la crème jusqu'à ce qu'elle soit ferme et l'étaler sur le dessus de la meringue. Disposez joliment les fruits dessus.

Shortcake au micro-ondes

Pour un gâteau de 20 cm/8 po

225 g/8 oz/2 tasses de farine nature (tout usage)

15 ml/1 cuillère à soupe de levure chimique

50 g/2 oz/¼ tasse de sucre en poudre (superfin)

100 g/4 oz/½ tasse de beurre ou de margarine

75 ml/5 cuillères à soupe de crème simple (légère)

1 oeuf

Mélangez la farine, la levure chimique et le sucre, puis incorporez le beurre ou la margarine jusqu'à ce que le mélange ressemble à de la chapelure. Mélangez la crème et l'œuf, puis incorporez-les au mélange de farine jusqu'à obtenir une pâte molle. Presser dans un plat à micro-ondes graissé de 20 cm/8 po et mettre au micro-ondes à puissance élevée pendant 6 minutes. Laisser reposer 4 minutes, puis démouler et terminer le refroidissement sur une grille.

Shortcake aux fraises au micro-ondes

Pour un gâteau de 20 cm/8 po

900 g de fraises, tranchées épaisses

225 g/8 oz/1 tasse de sucre en poudre (superfin)

225 g/8 oz/2 tasses de farine nature (tout usage)

15 ml/1 cuillère à soupe de levure chimique

175 g/6 oz/¾ tasse de beurre ou de margarine

75 ml/5 cuillères à soupe de crème simple (légère)

1 oeuf

150 ml/¼ pt/2/3 tasse de crème double (épaisse), fouettée

Mélangez les fraises avec 175 g/ 6 oz/¾ tasse de sucre, puis réfrigérez pendant au moins 1 heure.

Mélangez la farine, la levure chimique et le reste du sucre, puis incorporez 100 g/ 4 oz/½ tasse de beurre ou de margarine jusqu'à ce que le mélange ressemble à de la chapelure. Mélangez la crème liquide et l'œuf, puis incorporez-les au mélange de farine jusqu'à obtenir une pâte molle. Presser dans un plat à micro-ondes graissé de 20 cm/8 po et mettre au micro-ondes à puissance élevée pendant 6 minutes. Laisser reposer 4 minutes, puis démouler et diviser au centre encore chaud. Laisser refroidir.

Tartiner les deux surfaces coupées avec le reste du beurre ou de la margarine. Étalez un tiers de la chantilly sur le fond, puis recouvrez avec les trois quarts des fraises. Garnir avec un autre tiers de la crème, puis déposer le deuxième shortcake par-dessus. Garnir du reste de crème et de fraises.

Gâteau éponge au micro-ondes

Pour un gâteau de 18 cm/7 pouces

150 g/5 oz/1¼ tasse de farine autolevante (autolevante)

100 g/4 oz/½ tasse de beurre ou de margarine

100 g/4 oz/½ tasse de sucre en poudre (superfin)

2 oeufs

30 ml/2 cuillères à soupe de lait

Battre ensemble tous les ingrédients jusqu'à consistance lisse. Verser dans un plat à micro-ondes de 18 cm/7 po tapissé de fond et mettre au micro-ondes à puissance moyenne pendant 6 minutes. Laisser refroidir dans le plat pendant 5 minutes, puis démouler sur une grille pour terminer le refroidissement.

Barres sultana au micro-ondes

Donne 12

175 g/6 oz/¾ tasse de beurre ou de margarine

100 g/4 oz/½ tasse de sucre en poudre (superfin)

15 ml/1 cuillère à soupe de sirop doré (maïs léger)

75 g/3 oz/½ tasse de raisins secs (raisins dorés)

5 ml/1 cuillère à café de zeste de citron râpé

225 g/8 oz/2 tasses de farine autolevante (autolevante)

Pour le glaçage (glaçage) :
175 g/6 oz/1 tasse de sucre à glacer (confiseur)

30 ml/2 cuillères à soupe de jus de citron

Mettez le beurre ou la margarine, le sucre en poudre et le sirop au micro-ondes à puissance moyenne pendant 2 minutes. Incorporer les raisins secs et le zeste de citron. Incorporer la farine. Verser dans un plat carré de 20 cm/8 pouces graissé et tapissé et cuire au micro-ondes à puissance moyenne pendant 8 minutes jusqu'à ce qu'il soit juste ferme. Laisser refroidir légèrement.

Mettez le sucre glace dans un bol et faites un puits au centre. Incorporez progressivement le jus de citron pour obtenir un glaçage lisse. Répartir sur le gâteau encore tiède, puis laisser refroidir complètement.

Biscuits au chocolat au micro-ondes

Donne 24

225 g/8 oz/1 tasse de beurre ou de margarine, ramolli

100 g/4 oz/½ tasse de cassonade foncée

5 ml/1 cuillère à café d'essence de vanille (extrait)

225 g/8 oz/2 tasses de farine autolevante (autolevante)

50 g/2 oz/½ tasse de chocolat à boire en poudre

Battre ensemble le beurre, le sucre et l'essence de vanille jusqu'à obtenir une consistance légère et mousseuse. Incorporer progressivement la farine et le chocolat et mélanger jusqu'à obtenir une pâte lisse. Façonner des boules de la taille d'une noix, les disposer six à la fois sur une plaque à pâtisserie (à biscuits) graissée pour micro-ondes et aplatir légèrement avec une fourchette. Cuire chaque lot au micro-ondes à puissance élevée pendant 2 minutes, jusqu'à ce que tous les biscuits (biscuits) soient cuits. Laisser refroidir sur une grille.

Biscuits à la noix de coco au micro-ondes

Donne 24

50 g/2 oz/¼ tasse de beurre ou de margarine, ramolli

75 g/3 oz/1/3 tasse de sucre en poudre (superfin)

1 œuf légèrement battu

2,5 ml/½ cuillère à café d'essence de vanille (extrait)

75 g/3 oz/¾ tasse de farine nature (tout usage)

25 g/1 oz/¼ tasse de noix de coco desséchée (râpée)

Une pincée de sel

30 ml/2 cuillères à soupe de confiture de fraises (en conserve)

Battre ensemble le beurre ou la margarine et le sucre jusqu'à consistance légère et mousseuse. Incorporer l'œuf et l'essence de vanille en alternance avec la farine, la noix de coco et le sel et mélanger jusqu'à obtenir une pâte lisse. Façonner des boules de la taille d'une noix et disposer six à la fois sur une plaque à pâtisserie (à biscuits) graissée pour micro-ondes, puis appuyer légèrement avec une fourchette pour aplatir légèrement. Cuire au micro-ondes à puissance élevée pendant 3 minutes jusqu'à ce qu'il soit juste ferme. Transférer sur une grille et déposer une cuillerée de confiture au centre de chaque biscuit. Répétez avec les cookies restants.

Florentins au micro-ondes

Donne 12

50 g/2 oz/¼ tasse de beurre ou de margarine

50 g/2 oz/¼ tasse de sucre demerara

15 ml/1 cuillère à soupe de sirop doré (maïs léger)

50 g/2 oz/¼ tasse de cerises glacées (confites)

75 g/3 oz/¾ tasse de noix, hachées

25 g/1 oz/3 cuillères à soupe de raisins secs (raisins dorés)

25 g/1 oz/¼ tasse d'amandes effilées (effilées)

30 ml/2 cuillères à soupe d'écorces mélangées (confites) hachées

25 g/1 oz/¼ tasse de farine nature (tout usage)

100 g/4 oz/1 tasse de chocolat nature (mi-sucré), brisé (facultatif)

Mettez le beurre ou la margarine, le sucre et le sirop au micro-ondes à puissance élevée pendant 1 minute jusqu'à ce qu'ils soient fondus. Incorporer les cerises, les noix, les raisins secs et les amandes, puis incorporer le mélange de zeste et de farine. Placer des cuillerées à café du mélange, bien espacées, sur du papier sulfurisé (ciré) et cuire quatre à la fois à puissance élevée pendant 1½ minute pour chaque lot. Nettoyez les bords avec un couteau, laissez refroidir sur le papier pendant 3 minutes, puis transférez sur une grille pour terminer le refroidissement. Répétez avec les biscuits restants. Si vous le souhaitez, faites fondre le chocolat dans un bol pendant 30 secondes et étalez-le sur un côté des florentins, puis laissez prendre.

Biscuits aux noisettes et aux cerises au micro-ondes

Donne 24

100 g/4 oz/½ tasse de beurre ou de margarine, ramollie

100 g/4 oz/½ tasse de sucre en poudre (superfin)

1 œuf battu

175 g/6 oz/1½ tasse de farine nature (tout usage)

50 g/2 oz/½ tasse de noisettes moulues

100 g/4 oz/½ tasse de cerises glacées (confites)

Battre ensemble le beurre ou la margarine et le sucre jusqu'à obtenir une consistance légère et mousseuse. Incorporez progressivement l'œuf, puis incorporez la farine, les noisettes et les cerises. Placez les cuillerées bien espacées sur des plaques à pâtisserie (biscuits) au micro-ondes et mettez huit biscuits (biscuits) au micro-ondes à la fois à puissance élevée pendant environ 2 minutes jusqu'à ce qu'ils soient juste fermes.

Biscuits sultana au micro-ondes

Donne 24

225 g/8 oz/2 tasses de farine nature (tout usage)

5 ml/1 cuillère à café d'épices mélangées moulues (pour tarte aux pommes)

175 g/6 oz/¾ tasse de beurre ou de margarine, ramollie

100 g/4 oz/2/3 tasse de raisins secs (raisins dorés)

175 g/6 oz/¾ tasse de sucre demerara

Mélangez la farine et le mélange d'épices, puis ajoutez le beurre ou la margarine, les raisins secs et 100 g/4 oz/½ tasse de sucre pour obtenir une pâte molle. Rouler en deux formes de boudin d'environ 18 cm/7 po de long et incorporer le reste du sucre. Couper en tranches et disposer six à la fois sur une plaque à pâtisserie graissée pour micro-ondes (à biscuits) et mettre au micro-ondes à puissance élevée pendant 2 minutes. Laisser refroidir sur une grille et répéter avec les biscuits restants (cookies).

Pain aux bananes au micro-ondes

Donne un pain de 450 g/1 lb

75 g/3 oz/1/3 tasse de beurre ou de margarine, ramollie

175 g/6 oz/¾ tasse de sucre en poudre (superfin)

2 œufs légèrement battus

200 g/7 oz/1¾ tasses de farine nature (tout usage)

10 ml/2 cuillères à café de levure chimique

2,5 ml/½ cuillère à café de bicarbonate de soude (bicarbonate de soude)

Une pincée de sel

2 bananes mûres

15 ml/1 cuillère à soupe de jus de citron

60 ml/4 cuillères à soupe de lait

50 g/2 oz/½ tasse de noix, hachées

Battre ensemble le beurre ou la margarine et le sucre jusqu'à obtenir une consistance légère et mousseuse. Incorporez progressivement les œufs, puis incorporez la farine, la levure chimique, le bicarbonate de soude et le sel. Écrasez les bananes avec le jus de citron, puis incorporez-les au mélange avec le lait et les noix. Verser dans un moule à pain (casserole) pour micro-ondes de 450 g/1 lb graissé et fariné et mettre au micro-ondes à puissance élevée pendant 12 minutes. Retirer du four, couvrir de papier d'aluminium et laisser refroidir 10 minutes, puis démouler sur une grille pour terminer le refroidissement.

Pain au fromage au micro-ondes

Donne un pain de 450 g/1 lb

50 g/2 oz/¼ tasse de beurre ou de margarine

250 ml/8 fl oz/1 tasse de lait

2 œufs légèrement battus

225 g/8 oz/2 tasses de farine nature (tout usage)

10 ml/2 cuillères à café de levure chimique

10 ml/2 cuillères à café de moutarde en poudre

2,5 ml/½ cuillère à café de sel

175 g/6 oz/1½ tasse de fromage cheddar, râpé

Faire fondre le beurre ou la margarine dans un petit bol à puissance élevée pendant 1 minute. Incorporer le lait et les œufs. Mélangez la farine, la levure chimique, la moutarde, le sel et 100 g/4 oz/1 tasse de fromage. Incorporer le mélange de lait jusqu'à ce que le tout soit bien mélangé. Verser dans un moule à pain au micro-ondes (casserole) et mettre au micro-ondes à puissance élevée pendant 9 minutes. Saupoudrer du reste de fromage, couvrir de papier d'aluminium et laisser reposer 20 minutes.

Pain aux noix au micro-ondes

Donne un pain de 450 g/1 lb

225 g/8 oz/2 tasses de farine nature (tout usage)

300 g/10 oz/1¼ tasse de sucre en poudre (superfin)

5 ml/1 cuillère à café de levure chimique

Une pincée de sel

100 g/4 oz/½ tasse de beurre ou de margarine, ramollie

150 ml/¼ pt/2/3 tasse de lait

2,5 ml/½ cuillère à café d'essence de vanille (extrait)

4 blancs d'œufs

50 g/2 oz/½ tasse de noix, hachées

Mélangez la farine, le sucre, la levure chimique et le sel. Incorporer le beurre ou la margarine, puis le lait et l'essence de vanille. Battre les blancs d'œufs jusqu'à ce qu'ils soient crémeux, puis incorporer les noix. Verser dans un moule à pain (casserole) pour micro-ondes de 450 g/1 lb graissé et fariné et mettre au micro-ondes à puissance élevée pendant 12 minutes. Retirer du four, couvrir de papier d'aluminium et laisser refroidir 10 minutes, puis démouler sur une grille pour terminer le refroidissement.

Gâteau Amaretti sans cuisson

Pour un gâteau de 20 cm/8 po

100 g/4 oz/½ tasse de beurre ou de margarine

175 g/6 oz/1½ tasse de chocolat nature (mi-sucré)

75 g/3 oz de biscuits Amaretti (biscuits), grossièrement écrasés

175 g/6 oz/1½ tasse de noix, hachées

50 g/2 oz/½ tasse de pignons de pin

75 g/3 oz/1/3 tasse de cerises glacées (confites), hachées

30 ml/2 cuillères à soupe de Grand Marnier

225 g/8 oz/1 tasse de fromage mascarpone

Faire fondre le beurre ou la margarine et le chocolat dans un bol résistant à la chaleur posé sur une casserole d'eau frémissante. Retirer du feu et incorporer les biscuits, les noix et les cerises. Verser dans un moule à sandwich (poêle) recouvert d'un film alimentaire (pellicule plastique) et appuyer doucement. Réfrigérer pendant 1 heure jusqu'à ce que le tout soit pris. Démoulez sur une assiette de service et retirez le film alimentaire. Battre le Grand Marnier dans le Mascarpone et verser sur le fond.

Barres de riz croustillantes américaines

Donne environ 24 barres

50 g/2 oz/¼ tasse de beurre ou de margarine

225 g/8 oz de guimauves blanches

5 ml/1 cuillère à café d'essence de vanille (extrait)

150 g/5 oz/5 tasses de céréales de riz soufflé

Faire fondre le beurre ou la margarine dans une grande poêle à feu doux. Ajouter les guimauves et cuire en remuant continuellement jusqu'à ce que les guimauves soient fondues et que le mélange soit sirupeux. Retirer du feu et ajouter l'essence de vanille. Incorporer les céréales de riz jusqu'à ce qu'elles soient uniformément enrobées. Presser dans un moule carré de 23 cm/9 po et couper en barres. Laisser prendre.

Carrés aux abricots

Donne 12

50 g/2 oz/¼ tasse de beurre ou de margarine

175 g/6 oz/1 petite boîte de lait évaporé

15 ml/1 cuillère à soupe de miel clair

45 ml/3 cuillères à soupe de jus de pomme

50 g/2 oz/¼ tasse de cassonade molle

50 g/2 oz/1/3 tasse de raisins secs (raisins dorés)

225 g/8 oz/11/3 tasses d'abricots secs prêts à manger, hachés

100 g/4 oz/1 tasse de noix de coco desséchée (râpée)

225 g/8 oz/2 tasses de flocons d'avoine

Faire fondre le beurre ou la margarine avec le lait, le miel, le jus de pomme et le sucre. Incorporer le reste des ingrédients. Presser dans un moule à pâtisserie graissé de 25 cm/12 po et réfrigérer avant de couper en carrés.

Gâteau roulé suisse aux abricots

Pour un gâteau de 23 cm/9 po

400 g/14 oz/1 grande boîte de moitiés d'abricots, égouttés et jus réservés

50 g/2 oz/½ tasse de poudre à crème anglaise

75 g/3 oz/¼ tasse de gelée d'abricot (conserve claire)

75 g/3 oz/½ tasse d'abricots secs prêts à manger, hachés

400 g/14 oz/1 grande boîte de lait concentré

225 g/8 oz/1 tasse de fromage cottage

45 ml/3 cuillères à soupe de jus de citron

1 petit pain suisse, tranché

Préparez le jus d'abricot avec de l'eau pour obtenir 500 ml/17 fl oz/2¼ tasses. Mélangez la poudre de crème pâtissière en pâte avec un peu de liquide, puis portez le reste à ébullition. Incorporer la pâte à crème et la gelée d'abricots et laisser mijoter jusqu'à consistance épaisse et brillante, en remuant continuellement. Écrasez les abricots en conserve et ajoutez-les au mélange avec les abricots secs. Laisser refroidir en remuant de temps en temps.

Battez ensemble le lait concentré, le fromage cottage et le jus de citron jusqu'à ce que le tout soit bien mélangé, puis incorporez-le au mélange de gelée. Tapisser un moule à gâteau (moule) de 23 cm/9 po de film alimentaire (pellicule plastique) et disposer les tranches de suisse (gelée) sur le fond et les côtés du moule. Verser le mélange à gâteau et réfrigérer jusqu'à ce que le tout soit pris. Démoulez délicatement au moment de servir.

Gâteaux aux biscuits cassés

Donne 12

100 g/4 oz/½ tasse de beurre ou de margarine

30 ml/2 cuillères à soupe de sucre en poudre (superfin)

15 ml/1 cuillère à soupe de sirop doré (maïs léger)

30 ml/2 cuillères à soupe de poudre de cacao (chocolat non sucré)

225 g/8 oz/2 tasses de miettes de biscuits brisés

50 g/2 oz/1/3 tasse de raisins secs (raisins dorés)

Faire fondre le beurre ou la margarine avec le sucre et le sirop sans laisser bouillir. Incorporer le cacao, les biscuits et les raisins secs. Presser dans un moule à pâtisserie graissé de 25 cm/10 po, laisser refroidir, puis réfrigérer jusqu'à consistance ferme. Couper en carrés.

Gâteau au babeurre sans cuisson

Pour un gâteau de 23 cm/9 po

30 ml/2 cuillères à soupe de poudre de crème anglaise

100 g/4 oz/½ tasse de sucre en poudre (superfin)

450 ml/¾ pt/2 tasses de lait

175 ml/6 fl oz/¾ tasse de babeurre

25 g/1 oz/2 cuillères à soupe de beurre ou de margarine

400 g/12 oz de biscuits nature (cookies), écrasés

120 ml/4 fl oz/½ tasse de crème fouettée

Mélangez la poudre de crème anglaise et le sucre en une pâte avec un peu de lait. Portez à ébullition le reste du lait. Incorporez-le à la pâte, puis remettez le tout dans la casserole et remuez à feu doux pendant environ 5 minutes jusqu'à épaississement. Incorporer le babeurre et le beurre ou la margarine. Verser les couches de biscuits écrasés et le mélange de crème pâtissière dans un moule à gâteau (moule) de 23 cm/9 po recouvert d'un film alimentaire (pellicule plastique) ou dans un plat en verre. Appuyez doucement et réfrigérez jusqu'à ce que le tout soit pris. Fouettez la crème jusqu'à ce qu'elle soit ferme, puis déposez des rosaces de crème sur le dessus du gâteau. Servez soit dans le plat, soit retirez-le délicatement pour servir.

Tranche de châtaigne

Donne un pain de 900 g/2 lb

225 g/8 oz/2 tasses de chocolat nature (mi-sucré)

100 g/4 oz/½ tasse de beurre ou de margarine, ramollie

100 g/4 oz/½ tasse de sucre en poudre (superfin)

450 g/1 lb/1 grande boîte de purée de marrons non sucrée

25 g/1 oz/¼ tasse de farine de riz

Quelques gouttes d'essence de vanille (extrait)

150 ml/¼ pt/2/3 tasse de crème fouettée, fouettée

Chocolat râpé pour décorer

Faire fondre le chocolat noir dans un bol résistant à la chaleur au-dessus d'une casserole d'eau frémissante. Battre ensemble le beurre ou la margarine et le sucre jusqu'à obtenir une consistance légère et mousseuse. Incorporer la purée de marrons, le chocolat, la farine de riz et l'essence de vanille. Verser dans un moule à pain de 900 g/2 lb graissé et tapissé et réfrigérer jusqu'à ce qu'il soit ferme. Décorer de chantilly et de chocolat râpé avant de servir.

Gâteau éponge aux marrons

Donne un gâteau de 900 g/2 lb

Pour le gâteau :
400 g/14 oz/1 grande boîte de purée de marrons sucrée

100 g/4 oz/½ tasse de beurre ou de margarine, ramollie

1 oeuf

Quelques gouttes d'essence de vanille (extrait)

30 ml/2 cuillères à soupe de cognac

24 biscuits à la biscuit (cookies)

Pour le glaçage:

30 ml/2 cuillères à soupe de poudre de cacao (chocolat non sucré)

15 ml/1 cuillère à soupe de sucre en poudre (superfin)

30 ml/2 cuillères à soupe d'eau

Pour la crème au beurre :
100 g/4 oz/½ tasse de beurre ou de margarine, ramollie

100 g/4 oz/2/3 tasse de sucre glace (confiseur), tamisé

15 ml/1 cuillère à soupe d'essence de café (extrait)

Pour faire le gâteau, mélangez la purée de marrons, le beurre ou la margarine, l'œuf, l'essence de vanille et 15 ml/1 cuillère à soupe de cognac et battez jusqu'à consistance lisse. Beurrer et tapisser un moule à pain de 900 g (moule) et tapisser le fond et les côtés avec les doigts éponge. Saupoudrer le reste de cognac sur les biscuits et verser le mélange de marrons au centre. Réfrigérer jusqu'à consistance ferme.

Sortez-le du moule et retirez le papier de doublure. Dissoudre les ingrédients du glaçage dans un bol résistant à la chaleur posé sur une casserole d'eau frémissante doucement, en remuant jusqu'à consistance lisse. Laisser refroidir légèrement, puis badigeonner la majeure partie du glaçage sur le dessus du gâteau. Crémer ensemble les ingrédients de la crème au beurre jusqu'à consistance lisse, puis former des tourbillons sur le pourtour du gâteau. Arroser du glaçage réservé pour terminer.

Gâteau croustillant au chocolat

Donne un pain de 450 g/1 lb

150 g/5 oz/2/3 tasse de beurre ou de margarine
30 ml/2 cuillères à soupe de sirop doré (maïs léger)

175 g/6 oz/1½ tasse de chapelure de biscuit digestif (biscuits Graham)

50 g/2 oz/2 tasses de céréales de riz soufflé

25 g/1 oz/3 cuillères à soupe de raisins secs (raisins dorés)

25 g/1 oz/2 cuillères à soupe de cerises glacées, hachées

225 g/8 oz/2 tasses de pépites de chocolat

30 ml/2 cuillères à soupe d'eau

175 g/6 oz/1 tasse de sucre à glacer (confiseur), tamisé

Faire fondre 100 g/4 oz/½ tasse de beurre ou de margarine avec le sirop, puis retirer du feu et incorporer la chapelure de biscuits, les céréales, les raisins secs, les cerises et les trois quarts des pépites de chocolat. Verser dans un moule à pain de 450 g/1 lb graissé et tapissé et lisser le dessus. Réfrigérer jusqu'à consistance ferme. Faire fondre le reste du beurre ou de la margarine avec le reste du chocolat et l'eau. Incorporer le sucre glace et mélanger jusqu'à consistance lisse. Retirez le gâteau du moule et coupez-le en deux dans le sens de la longueur. Sandwich avec la moitié du glaçage au chocolat (glaçage), disposez-le sur une assiette de service, puis versez sur le reste du glaçage. Refroidir avant de servir.

Barres de chocolat et d'amandes

Donne 12

175 g/6 oz/1½ tasse de chocolat nature (mi-sucré), haché

3 œufs, séparés

120 ml/4 fl oz/½ tasse de lait

10 ml/2 cuillères à café de gélatine en poudre

120 ml/4 fl oz/½ tasse de crème double (épaisse)

45 ml/3 cuillères à soupe de sucre en poudre (superfin)

60 ml/4 cuillères à soupe d'amandes effilées (effilées), grillées

Faire fondre le chocolat dans un bol résistant à la chaleur posé sur une casserole d'eau frémissante doucement. Retirer du feu et incorporer les jaunes d'œufs. Faites bouillir le lait dans une casserole à part, puis incorporez la gélatine. Incorporer au mélange chocolaté, puis incorporer la crème. Battez les blancs d'œufs en neige ferme, puis ajoutez le sucre et battez à nouveau jusqu'à ce qu'ils soient fermes et brillants. Incorporer au mélange. Verser dans un moule à pain de 450 g graissé et tapissé, saupoudrer d'amandes grillées et laisser refroidir, puis réfrigérer au moins 3 heures jusqu'à ce que le mélange soit pris. Retourner et couper en tranches épaisses pour servir

Carrés aux miettes de chocolat

Donne environ 24

225 g/8 oz de biscuits digestifs (craquelins Graham)

100 g/4 oz/½ tasse de beurre ou de margarine

25 g/1 oz/2 cuillères à soupe de sucre en poudre (superfin)

15 ml/1 cuillère à soupe de sirop doré (maïs léger)

45 ml/3 cuillères à soupe de poudre de cacao (chocolat non sucré)

200 g/7 oz/1¾ tasse de couverture de gâteau au chocolat

Placer les biscuits dans un sac plastique et les écraser avec un rouleau à pâtisserie. Faites fondre le beurre ou la margarine dans une poêle, puis incorporez le sucre et le sirop. Retirer du feu et incorporer la chapelure de biscuits et le cacao. Verser dans un moule à gâteau carré de 18 cm beurré et chemisé et presser uniformément. Laisser refroidir, puis mettre au réfrigérateur jusqu'à ce que le tout soit pris.

Faire fondre le chocolat dans un bol résistant à la chaleur posé sur une casserole d'eau frémissante doucement. Étaler sur le biscuit en marquant des lignes avec une fourchette pendant la prise. Couper en carrés une fois ferme.

Gâteau au chocolat au réfrigérateur

Donne un gâteau de 450 g/1 lb

100 g/4 oz/½ tasse de cassonade molle

100 g/4 oz/½ tasse de beurre ou de margarine

50 g/2 oz/½ tasse de chocolat à boire en poudre

25 g/1 oz/¼ tasse de cacao (chocolat non sucré) en poudre

30 ml/2 cuillères à soupe de sirop doré (maïs léger)

150 g de biscuits digestifs (crackers Graham) ou de riches biscuits au thé

50 g/2 oz/¼ tasse de cerises glacées ou un mélange de noix et de raisins secs

100 g/4 oz/1 tasse de chocolat au lait

Mettez le sucre, le beurre ou la margarine, le chocolat à boire, le cacao et le sirop dans une casserole et faites chauffer doucement jusqu'à ce que le beurre soit fondu en remuant bien. Retirer du feu et émietter les biscuits. Incorporer les cerises ou les noix et les raisins secs et verser dans un moule à pain de 450 g/1 lb (poêle). Laisser refroidir au réfrigérateur.

Faire fondre le chocolat dans un bol résistant à la chaleur au-dessus d'une casserole d'eau frémissante. Étaler sur le dessus du gâteau refroidi et trancher une fois pris.

Gâteau Au Chocolat Et Aux Fruits

Pour un gâteau de 18 cm/7 pouces

100 g/4 oz/½ tasse de beurre ou de margarine, fondu

100 g/4 oz/½ tasse de cassonade molle

225 g/8 oz/2 tasses de chapelure de biscuit digestif (biscuits Graham)

50 g/2 oz/1/3 tasse de raisins secs (raisins dorés)

45 ml/3 cuillères à soupe de poudre de cacao (chocolat non sucré)

1 œuf battu

Quelques gouttes d'essence de vanille (extrait)

Mélangez le beurre ou la margarine et le sucre, puis incorporez le reste des ingrédients et battez bien. Verser dans un moule à sandwich (poêle) graissé de 18 cm/7 po et lisser la surface. Réfrigérer jusqu'à ce que le tout soit pris.

Carrés au chocolat et au gingembre

Donne 24

100 g/4 oz/½ tasse de beurre ou de margarine

100 g/4 oz/½ tasse de cassonade molle

30 ml/2 cuillères à soupe de poudre de cacao (chocolat non sucré)

1 œuf légèrement battu

225 g/8 oz/2 tasses de chapelure de biscuit au gingembre (biscuit)

15 ml/1 cuillère à soupe de gingembre confit (confit) haché

Faire fondre le beurre ou la margarine, puis incorporer le sucre et le cacao jusqu'à ce que le tout soit bien mélangé. Incorporer l'œuf, la chapelure de biscuit et le gingembre. Presser dans un moule à rouleaux suisses (moule à gelée) et réfrigérer jusqu'à ce qu'il soit ferme. Couper en carrés.

Carrés de luxe au chocolat et au gingembre

Donne 24

100 g/4 oz/½ tasse de beurre ou de margarine

100 g/4 oz/½ tasse de cassonade molle

30 ml/2 cuillères à soupe de poudre de cacao (chocolat non sucré)

1 œuf légèrement battu

225 g/8 oz/2 tasses de chapelure de biscuit au gingembre (biscuit)

15 ml/1 cuillère à soupe de gingembre confit (confit) haché

100 g/4 oz/1 tasse de chocolat nature (mi-sucré)

Faire fondre le beurre ou la margarine, puis incorporer le sucre et le cacao jusqu'à ce que le tout soit bien mélangé. Incorporer l'œuf, la chapelure de biscuit et le gingembre. Presser dans un moule à rouleaux suisses (moule à gelée) et réfrigérer jusqu'à ce qu'il soit ferme.

Faire fondre le chocolat dans un bol résistant à la chaleur posé sur une casserole d'eau frémissante doucement. Répartir sur le gâteau et laisser prendre. Coupez en carrés lorsque le chocolat est presque dur.

Biscuits au chocolat et au miel

Donne 12

225 g/8 oz/1 tasse de beurre ou de margarine

30 ml/2 cuillères à soupe de miel clair

90 ml/6 cuillères à soupe de poudre de caroube ou de cacao (chocolat non sucré)

225 g/8 oz/2 tasses de miettes de biscuits sucrés

Faire fondre le beurre ou la margarine, le miel et la poudre de caroube ou de cacao dans une poêle jusqu'à ce que le tout soit bien mélangé. Incorporer la chapelure de biscuit. Verser dans un moule à gâteau carré de 20 cm graissé et laisser refroidir, puis couper en carrés.

mille-feuilles au chocolat

Donne un gâteau de 450 g/1 lb

300 ml/½ pt/1¼ tasse de crème double (épaisse)

225 g/8 oz/2 tasses de chocolat nature (mi-sucré), brisé

5 ml/1 cuillère à café d'essence de vanille (extrait)

20 biscuits nature (cookies)

Faites chauffer la crème dans une casserole à feu doux jusqu'à ébullition. Retirer du feu et ajouter le chocolat, remuer, couvrir et laisser reposer 5 minutes. Incorporer l'essence de vanille et mélanger jusqu'à ce que le tout soit bien mélangé, puis réfrigérer jusqu'à ce que le mélange commence à épaissir.

Tapisser un moule à pain de 450 g (moule) de film alimentaire (pellicule plastique). Étalez une couche de chocolat au fond, puis disposez quelques biscuits en couche sur le dessus. Continuez à superposer le chocolat et les biscuits jusqu'à ce que vous les ayez épuisés. Terminez par une couche de chocolat. Couvrir d'un film alimentaire et réfrigérer au moins 3 heures. Démoulez le gâteau et retirez le film alimentaire.

Belles barres de chocolat

Donne 12

100 g/4 oz/½ tasse de beurre ou de margarine

30 ml/2 cuillères à soupe de sirop doré (maïs léger)

30 ml/2 cuillères à soupe de poudre de cacao (chocolat non sucré)

225 g/8 oz/1 sachet Biscuits nature ou nature (biscuits), grossièrement écrasés

100 g/4 oz/1 tasse de chocolat nature (mi-sucré), coupé en dés

Faire fondre le beurre ou la margarine et le sirop, puis retirer du feu et incorporer le cacao et les biscuits écrasés. Étalez le mélange dans un moule à gâteau carré de 23 cm et nivelez la surface. Faites fondre le chocolat dans un bol résistant à la chaleur au-dessus d'une casserole d'eau frémissante et étalez-le dessus. Laisser refroidir légèrement, puis couper en barres ou en carrés et réfrigérer jusqu'à ce que le tout soit pris.

Carrés pralinés au chocolat

Donne 12

100 g/4 oz/½ tasse de beurre ou de margarine

30 ml/2 cuillères à soupe de sucre en poudre (superfin)

15 ml/1 cuillère à soupe de sirop doré (maïs léger)

15 ml/1 cuillère à soupe de chocolat à boire en poudre

225 g/8 oz de biscuits digestifs (craquelins Graham), écrasés

200 g/7 oz/1¾ tasse de chocolat nature (mi-sucré)

100 g/4 oz/1 tasse de noix mélangées hachées

Faire fondre le beurre ou la margarine, le sucre, le sirop et le chocolat à boire dans une casserole. Portez à ébullition, puis laissez bouillir 40 secondes. Retirer du feu et incorporer les biscuits et les noix. Presser dans un moule à gâteau (moule) graissé de 28 x 18 cm/11 x 7 pouces. Faire fondre le chocolat dans un bol résistant à la chaleur au-dessus d'une casserole d'eau frémissante. Répartir sur les biscuits et laisser refroidir, puis réfrigérer 2 heures avant de couper en carrés.

Croquants à la noix de coco

Donne 12

100 g/4 oz/1 tasse de chocolat nature (mi-sucré)

30 ml/2 cuillères à soupe de lait

30 ml/2 cuillères à soupe de sirop doré (maïs léger)

100 g/4 oz/4 tasses de céréales de riz soufflé

50 g/2 oz/½ tasse de noix de coco desséchée (râpée)

Faites fondre le chocolat, le lait et le sirop dans une casserole. Retirer du feu et incorporer les céréales et la noix de coco. Verser dans des caissettes à gâteaux en papier (papiers à cupcakes) et laisser prendre.

Barres croquantes

Donne 12

175 g/6 oz/¾ tasse de beurre ou de margarine

50 g/2 oz/¼ tasse de cassonade molle

30 ml/2 cuillères à soupe de sirop doré (maïs léger)

45 ml/3 cuillères à soupe de poudre de cacao (chocolat non sucré)

75 g/3 oz/½ tasse de raisins secs ou de raisins secs (raisins dorés)

350 g/12 oz/3 tasses de céréales croquantes à l'avoine

225 g/8 oz/2 tasses de chocolat nature (mi-sucré)

Faire fondre le beurre ou la margarine avec le sucre, le sirop et le cacao. Incorporer les raisins secs ou les raisins secs et les céréales. Presser le mélange dans un moule à pâtisserie (moule) graissé de 25 cm/12 po. Faire fondre le chocolat dans un bol résistant à la chaleur au-dessus d'une casserole d'eau frémissante. Répartir sur les barres et laisser refroidir, puis réfrigérer avant de couper en barres.

Croquants à la noix de coco et aux raisins secs

Donne 12

100 g/4 oz/1 tasse de chocolat blanc

30 ml/2 cuillères à soupe de lait

30 ml/2 cuillères à soupe de sirop doré (maïs léger)

175 g/6 oz/6 tasses de céréales de riz soufflé

50 g/2 oz/1/3 tasse de raisins secs

Faites fondre le chocolat, le lait et le sirop dans une casserole. Retirer du feu et incorporer les céréales et les raisins secs. Verser dans des caissettes à gâteaux en papier (papiers à cupcakes) et laisser prendre.

Carrés au café et au lait

Cela fait 20

25 g/1 oz/2 cuillères à soupe de gélatine en poudre

75 ml/5 cuillères à soupe d'eau froide

225 g/8 oz/2 tasses de chapelure de biscuit nature

50 g/2 oz/¼ tasse de beurre ou de margarine, fondu

400 g/14 oz/1 grande boîte de lait concentré

150 g/5 oz/2/3 tasse de sucre en poudre (superfin)

400 ml/14 fl oz/1¾ tasses de café noir fort, glacé

Crème fouettée et tranches d'orange confites pour décorer

Saupoudrer la gélatine sur l'eau dans un bol et laisser jusqu'à ce qu'elle soit spongieuse. Placez le bol dans une casserole d'eau chaude et laissez-le jusqu'à dissolution. Laisser refroidir légèrement. Incorporer les miettes de biscuit au beurre fondu et presser dans le fond et les côtés d'un moule à gâteau rectangulaire (moule) graissé de 30 x 20 cm/12 x 8 pouces. Battre le lait concentré jusqu'à consistance épaisse, puis incorporer progressivement le sucre, suivi de la gélatine dissoute et du café. Verser sur la base et réfrigérer jusqu'à ce que le tout soit pris. Couper en carrés et décorer avec de la chantilly et des tranches d'orange confites (confites).

Gâteau aux fruits sans cuisson

Pour un gâteau de 23 cm/9 po

450 g/1 lb/2 2/3 tasses de fruits secs mélangés (mélange à gâteau aux fruits)

450 g/1 lb de biscuits nature (biscuits), écrasés

100 g/4 oz/½ tasse de beurre ou de margarine, fondu

100 g/4 oz/½ tasse de cassonade molle

400 g/14 oz/1 grande boîte de lait concentré

5 ml/1 cuillère à café d'essence de vanille (extrait)

Mélanger tous les ingrédients jusqu'à ce que le tout soit bien mélangé. Verser dans un moule à gâteau (moule) graissé de 23 cm/9 po recouvert d'un film alimentaire (pellicule plastique) et presser. Réfrigérer jusqu'à consistance ferme.

Carrés Fruités

Donne environ 12

100 g/4 oz/½ tasse de beurre ou de margarine

100 g/4 oz/½ tasse de cassonade molle

400 g/14 oz/1 grande boîte de lait concentré

5 ml/1 cuillère à café d'essence de vanille (extrait)

250 g/9 oz/1½ tasse de fruits secs mélangés (mélange à gâteau aux fruits)

100 g/4 oz/½ tasse de cerises glacées (confites)

50 g/2 oz/½ tasse de noix mélangées hachées

400 g/14 oz de biscuits nature (cookies), écrasés

Faire fondre le beurre ou la margarine et le sucre à feu doux. Incorporer le lait concentré et l'essence de vanille et retirer du feu. Incorporer le reste des ingrédients. Presser dans un moule à rouleaux suisses graissé (moule à gelée) et réfrigérer pendant 24 heures jusqu'à ce qu'il soit ferme. Couper en carrés.

Crépitants de fruits et de fibres

Donne 12

100 g/4 oz/1 tasse de chocolat nature (mi-sucré)

50 g/2 oz/¼ tasse de beurre ou de margarine

15 ml/1 cuillère à soupe de sirop doré (maïs léger)

100 g/4 oz/1 tasse de céréales pour petit-déjeuner aux fruits et aux fibres

Faire fondre le chocolat dans un bol résistant à la chaleur au-dessus d'une casserole d'eau frémissante. Incorporer le beurre ou la margarine et le sirop. Incorporer les céréales. Verser dans des moules à gâteaux en papier (papiers à cupcakes) et laisser refroidir et prendre.

Gâteau étagé au nougat

Donne un gâteau de 900 g/2 lb

15 g/½ oz/1 cuillère à soupe de gélatine en poudre

100 ml/3½ fl oz/6½ cuillères à soupe d'eau

1 paquet de bagatelles

225 g/8 oz/1 tasse de beurre ou de margarine, ramolli

50 g/2 oz/¼ tasse de sucre en poudre (superfin)

400 g/14 oz/1 grande boîte de lait concentré

5 ml/1 cuillère à café de jus de citron

5 ml/1 cuillère à café d'essence de vanille (extrait)

5 ml/1 cuillère à café de crème de tartre

100 g/4 oz/2/3 tasse de fruits secs mélangés (mélange à gâteau aux fruits), hachés

Saupoudrez la gélatine sur l'eau dans un petit bol, puis placez le bol dans une casserole d'eau chaude jusqu'à ce que la gélatine soit transparente. Refroidissez légèrement. Tapisser un moule à pain de 900 g/2 lb de papier d'aluminium afin que le papier d'aluminium recouvre le dessus du moule, puis disposer la moitié des bagatelles sur le fond. Battre ensemble le beurre ou la margarine et le sucre jusqu'à obtenir une consistance crémeuse, puis incorporer tous les ingrédients restants. Verser dans le moule et disposer dessus les bagatelles restantes. Couvrir de papier d'aluminium et mettre un poids dessus. Réfrigérer jusqu'à consistance ferme.

Carrés au lait et à la muscade

Cela fait 20

Pour le socle :

225 g/8 oz/2 tasses de chapelure de biscuit nature

30 ml/2 cuillères à soupe de cassonade molle

2,5 ml/½ cuillère à café de muscade râpée

100 g/4 oz/½ tasse de beurre ou de margarine, fondu

Pour le remplissage:

1,2 litres/2 pts/5 tasses de lait

25 g/1 oz/2 cuillères à soupe de beurre ou de margarine

2 œufs, séparés

225 g/8 oz/1 tasse de sucre en poudre (superfin)

100 g/4 oz/1 tasse de farine de maïs (amidon de maïs)

50 g/2 oz/½ tasse de farine nature (tout usage)

5 ml/1 cuillère à café de levure chimique

Une pincée de muscade râpée

Noix de muscade râpée pour saupoudrer

Pour faire la base, mélangez la chapelure de biscuit, le sucre et la muscade dans le beurre fondu ou la margarine et pressez-la dans le fond d'un moule à gâteau (moule) graissé de 30 x 20 cm/12 x 8 po.

Pour faire la garniture, porter à ébullition 1 litre/ 1¾ pts/4¼ tasses de lait dans une grande casserole. Ajoutez le beurre ou la margarine. Battez les jaunes d'œufs avec le reste du lait. Incorporer le sucre, la maïzena, la farine, la levure chimique et la muscade. Battez un peu de lait bouillant dans le mélange de jaunes d'œufs jusqu'à obtenir une pâte, puis mélangez la pâte au lait bouillant en remuant continuellement à feu doux pendant quelques minutes jusqu'à épaississement. Retirer du feu. Battez les blancs d'œufs en neige ferme, puis incorporez-les au mélange. Verser sur la base et saupoudrer généreusement de muscade. Laisser refroidir, puis réfrigérer et couper en carrés avant de servir.

Muesli croquant

Donne environ 16 carrés

400 g/14 oz/3½ tasses de chocolat nature (mi-sucré)

45 ml/3 cuillères à soupe de sirop doré (maïs léger)

25 g/1 oz/2 cuillères à soupe de beurre ou de margarine

Environ 225 g/8 oz/2/3 tasse de muesli

Faire fondre ensemble la moitié du chocolat, le sirop et le beurre ou la margarine. Incorporez progressivement suffisamment de muesli pour obtenir un mélange ferme. Presser dans un moule à rouleaux suisses graissé (moule à gelée). Faire fondre le reste du chocolat et lisser le dessus. Mettre au réfrigérateur avant de couper en carrés.

Carrés de Mousse à l'Orange

Cela fait 20

25 g/1 oz/2 cuillères à soupe de gélatine en poudre

75 ml/5 cuillères à soupe d'eau froide

225 g/8 oz/2 tasses de chapelure de biscuit nature

50 g/2 oz/¼ tasse de beurre ou de margarine, fondu

400 g/14 oz/1 grande boîte de lait concentré

150 g/5 oz/2/3 tasse de sucre en poudre (superfin)

400 ml/14 fl oz/1¾ tasses de jus d'orange

Crème fouettée et bonbons au chocolat pour décorer

Saupoudrer la gélatine sur l'eau dans un bol et laisser jusqu'à ce qu'elle soit spongieuse. Placez le bol dans une casserole d'eau chaude et laissez-le jusqu'à dissolution. Laisser refroidir légèrement. Incorporer les miettes de biscuit au beurre fondu et presser sur le fond et les côtés d'un moule à gâteau peu profond (moule) graissé de 30 x 20 cm/12 x 8 pouces. Battre le lait jusqu'à consistance épaisse, puis incorporer progressivement le sucre, suivi de la gélatine dissoute et du jus d'orange. Verser sur la base et réfrigérer jusqu'à ce que le tout soit pris. Couper en carrés et décorer de chantilly et de bonbons au chocolat.

Carrés aux arachides

Cela fait 18

225 g/8 oz/2 tasses de chapelure de biscuit nature

100 g/4 oz/½ tasse de beurre ou de margarine, fondu

225 g/8 oz/1 tasse de beurre de cacahuète croquant

25 g/1 oz/2 cuillères à soupe de cerises glacées

25 g/1 oz/3 cuillères à soupe de groseilles

Mélanger tous les ingrédients jusqu'à ce que le tout soit bien mélangé. Presser dans un moule à pâtisserie graissé de 25 cm/12 po et réfrigérer jusqu'à consistance ferme, puis couper en carrés.

Gâteaux au caramel et à la menthe poivrée

Donne 16

400 g/14 oz/1 grande boîte de lait concentré

600 ml/1 pt/2½ tasses de lait

30 ml/2 cuillères à soupe de poudre de crème anglaise

225 g/8 oz/2 tasses de chapelure de biscuit digestif (biscuits Graham)

100 g/4 oz/1 tasse de chocolat à la menthe poivrée, cassé en morceaux

Placez la boîte de lait concentré non ouverte dans une casserole remplie de suffisamment d'eau pour couvrir la boîte. Porter à ébullition, couvrir et laisser mijoter 3 heures en complétant si nécessaire avec de l'eau bouillante. Laissez refroidir, puis ouvrez la boîte et retirez le caramel.

Faites chauffer 500 ml/17 fl oz/2¼ tasses de lait avec le caramel, portez à ébullition et mélangez jusqu'à ce qu'il soit fondu. Mélangez la poudre de crème pâtissière en une pâte avec le reste du lait, puis incorporez-la dans la casserole et continuez à laisser mijoter jusqu'à épaississement, en remuant continuellement. Saupoudrer la moitié de la chapelure de biscuit sur le fond d'un moule à gâteau carré de 20 cm/8 po graissé, puis déposer dessus la moitié de la crème au caramel et saupoudrer de la moitié du chocolat. Répétez les couches, puis laissez refroidir. Refroidissez, puis coupez en portions pour servir.

Biscuits au riz

Donne 24

175 g/6 oz/½ tasse de miel clair

225 g/8 oz/1 tasse de sucre cristallisé

60 ml/4 cuillères à soupe d'eau

350 g/12 oz/1 boîte de céréales de riz soufflé

100 g/4 oz/1 tasse de cacahuètes grillées

Faites fondre le miel, le sucre et l'eau dans une grande casserole, puis laissez refroidir 5 minutes. Incorporer les céréales et les cacahuètes. Rouler en boules, placer dans des caissettes à gâteaux en papier (papiers à cupcakes) et laisser refroidir et prendre.

Toffette au riz et au chocolat

Donne 225 g/8 oz

50 g/2 oz/¼ tasse de beurre ou de margarine

30 ml/2 cuillères à soupe de sirop doré (maïs léger)

30 ml/2 cuillères à soupe de poudre de cacao (chocolat non sucré)

60 ml/4 cuillères à soupe de sucre en poudre (superfin)

50 g/2 oz/½ tasse de riz moulu

Faire fondre le beurre et le sirop. Incorporer le cacao et le sucre jusqu'à dissolution, puis incorporer le riz moulu. Portez doucement à ébullition, réduisez le feu et laissez mijoter doucement pendant 5 minutes en remuant continuellement. Verser dans un moule carré de 20 cm (poêle) graissé et tapissé et laisser refroidir légèrement. Coupez-le en carrés, puis laissez-le refroidir complètement avant de le démouler.

Pate d'amande

Couvre le dessus et les côtés d'un gâteau de 23 cm/9 po

225 g/8 oz/2 tasses d'amandes moulues

225 g/8 oz/11/3 tasses de sucre à glacer (confiseur), tamisé

225 g/8 oz/1 tasse de sucre en poudre (superfin)

2 œufs légèrement battus

10 ml/2 cuillères à café de jus de citron

Quelques gouttes d'essence d'amande (extrait)

Battez ensemble les amandes et les sucres. Incorporez progressivement le reste des ingrédients jusqu'à obtenir une pâte lisse. Envelopper dans un film alimentaire (pellicule plastique) et réfrigérer avant utilisation.

Pâte d'amande sans sucre

Couvre le dessus et les côtés d'un gâteau de 15 cm/6 po

100 g/4 oz/1 tasse d'amandes moulues

50 g/2 oz/½ tasse de fructose

25 g/1 oz/¼ tasse de farine de maïs (amidon de maïs)

1 œuf légèrement battu

Mélangez tous les ingrédients jusqu'à obtenir une pâte lisse. Envelopper dans un film alimentaire (pellicule plastique) et réfrigérer avant utilisation.

Glaçage royal

Couvre le dessus et les côtés d'un gâteau de 20 cm/8 po

5 ml/1 cuillère à café de jus de citron

2 blancs d'œufs

450 g/1 lb/2 2/3 tasses de sucre à glacer (confiseur), tamisé

5 ml/1 cuillère à café de glycérine (facultatif)

Mélangez le jus de citron et les blancs d'œufs et incorporez progressivement le sucre glace jusqu'à ce que le glaçage soit lisse et blanc et recouvre le dos d'une cuillère. Quelques gouttes de glycérine éviteront que le glaçage ne devienne trop cassant. Couvrir d'un linge humide et laisser reposer 20 minutes pour permettre aux éventuelles bulles d'air de remonter à la surface.

Un glaçage de cette consistance peut être versé sur le gâteau et lissé avec un couteau trempé dans l'eau chaude. Pour la tuyauterie, ajoutez du sucre glace supplémentaire afin que le glaçage soit suffisamment ferme pour former des pics.

Glaçage sans sucre

Donne assez pour couvrir un gâteau de 15 cm/6 po

50 g/2 oz/½ tasse de fructose

Une pincée de sel

1 blanc d'oeuf

2,5 ml/½ cuillère à café de jus de citron

Mélangez la poudre de fructose dans un robot culinaire jusqu'à ce qu'elle soit aussi fine que du sucre glace. Incorporer le sel. Transférer dans un bol résistant à la chaleur et incorporer le blanc d'œuf et le jus de citron. Placez le bol sur une casserole d'eau frémissante et continuez à fouetter jusqu'à formation de pics fermes. Retirer du feu et fouetter jusqu'à refroidissement.

Glaçage fondant

Donne assez pour couvrir un gâteau de 20 cm/8 po

450 g/1 lb/2 tasses de sucre en poudre (superfin) ou en morceaux

150 ml/¼ pt/2/3 tasse d'eau

15 ml/1 cuillère à soupe de glucose liquide ou 2,5 ml/½ cuillère à café de crème de tartre

Dissoudre le sucre dans l'eau dans une grande casserole à fond épais sur feu doux. Essuyez les parois de la casserole avec une brosse imbibée d'eau froide pour éviter la formation de cristaux. Dissoudre la crème de tartre dans un peu d'eau, puis incorporer dans la casserole. Porter à ébullition et faire bouillir régulièrement jusqu'à 115°C/242°F lorsqu'une goutte de glaçage forme une boule molle lorsqu'elle est plongée dans l'eau froide. Versez lentement le sirop dans un bol résistant à la chaleur et laissez reposer jusqu'à ce qu'une peau se forme. Battez le glaçage avec une cuillère en bois jusqu'à ce qu'il devienne opaque et ferme. Pétrir jusqu'à consistance lisse. Réchauffer dans un bol résistant à la chaleur au-dessus d'une casserole d'eau chaude pour ramollir, si nécessaire, avant utilisation.

Glaçage au beurre

Donne assez pour remplir et recouvrir un gâteau de 20 cm/8 po

100 g/4 oz/½ tasse de beurre ou de margarine, ramollie

225 g/ 8 oz/11/3 tasses de sucre à glacer (confiseur), tamisé

30 ml/2 cuillères à soupe de lait

Battre le beurre ou la margarine jusqu'à ce qu'ils soient tendres. Incorporer progressivement le sucre glace et le lait jusqu'à ce que le tout soit bien mélangé.

Glaçage au chocolat

Donne assez pour remplir et recouvrir un gâteau de 20 cm/8 po

30 ml/2 cuillères à soupe de poudre de cacao (chocolat non sucré)

15 ml/1 cuillère à soupe d'eau bouillante

100 g/4 oz/½ tasse de beurre ou de margarine, ramollie

225 g/8 oz/11/3 tasses de sucre à glacer (confiseur), tamisé

15 ml/1 cuillère à soupe de lait

Mélangez le cacao en pâte avec l'eau bouillante, puis laissez refroidir. Battre le beurre ou la margarine jusqu'à ce qu'ils soient tendres. Incorporer progressivement le mélange de sucre glace, de lait et de cacao jusqu'à ce que le tout soit bien mélangé.

Glaçage au beurre et au chocolat blanc

Donne assez pour remplir et recouvrir un gâteau de 20 cm/8 po

100 g/4 oz/1 tasse de chocolat blanc

100 g/4 oz/½ tasse de beurre ou de margarine, ramollie

225 g/8 oz/11/3 tasses de sucre à glacer (confiseur), tamisé

15 ml/1 cuillère à soupe de lait

Faire fondre le chocolat dans un bol résistant à la chaleur posé sur une casserole d'eau frémissante, puis laisser refroidir légèrement. Battre le beurre ou la margarine jusqu'à ce qu'ils soient tendres. Incorporer progressivement le sucre glace, le lait et le chocolat jusqu'à ce que le tout soit bien mélangé.

Glaçage au beurre de café

Donne assez pour remplir et recouvrir un gâteau de 20 cm/8 po

100 g/4 oz/½ tasse de beurre ou de margarine, ramollie

225 g/ 8 oz/11/3 tasses de sucre à glacer (confiseur), tamisé

15 ml/1 cuillère à soupe de lait

15 ml/1 cuillère à soupe d'essence de café (extrait)

Battre le beurre ou la margarine jusqu'à ce qu'ils soient tendres. Incorporer progressivement le sucre glace, le lait et l'essence de café jusqu'à ce que le tout soit bien mélangé.

Glaçage au beurre de citron

Donne assez pour remplir et recouvrir un gâteau de 20 cm/8 po

100 g/4 oz/½ tasse de beurre ou de margarine, ramollie

225 g/ 8 oz/11/3 tasses de sucre à glacer (confiseur), tamisé

30 ml/2 cuillères à soupe de jus de citron

Le zeste râpé d'1 citron

Battre le beurre ou la margarine jusqu'à ce qu'ils soient tendres. Incorporez progressivement le sucre glace, le jus de citron et le zeste jusqu'à ce que le tout soit bien mélangé.

Glaçage au beurre d'orange

Donne assez pour remplir et recouvrir un gâteau de 20 cm/8 po

100 g/4 oz/½ tasse de beurre ou de margarine, ramollie

225 g/ 8 oz/11/3 tasses de sucre à glacer (confiseur), tamisé

30 ml/2 cuillères à soupe de jus d'orange

Le zeste râpé d'1 orange

Battre le beurre ou la margarine jusqu'à ce qu'ils soient tendres. Incorporer progressivement le sucre glace, le jus d'orange et le zeste jusqu'à ce que le tout soit bien mélangé.

Glaçage au fromage

Donne assez pour couvrir un gâteau de 25 cm/9 po

75 g/3 oz/1/3 tasse de fromage à la crème

30 ml/2 cuillères à soupe de beurre ou de margarine

350 g/12 oz/2 tasses de sucre à glacer (confiseur), tamisé

5 ml/1 cuillère à café d'essence de vanille (extrait)

Battre ensemble le fromage et le beurre ou la margarine jusqu'à consistance légère et mousseuse. Incorporez progressivement le sucre glace et l'essence de vanille jusqu'à obtenir un glaçage onctueux et crémeux.

Glaçage à l'orange

Donne assez pour couvrir un gâteau de 25 cm/9 po

250 g/9 oz/1½ tasse de sucre glace (confiseur), tamisé

30 ml/2 cuillères à soupe de beurre ou de margarine ramollie

Quelques gouttes d'essence d'amande (extrait)

60 ml/4 cuillères à soupe de jus d'orange

Mettez le sucre glace dans un bol et incorporez le beurre ou la margarine et l'essence d'amande. Incorporer progressivement suffisamment de jus d'orange pour obtenir un glaçage ferme.

Glaçage à la Liqueur d'Orange

Donne assez pour couvrir un gâteau de 20 cm/8 po

100 g/4 oz/½ tasse de beurre ou de margarine, ramollie

450 g/1 lb/2 2/3 tasses de sucre à glacer (confiseur), tamisé

60 ml/4 cuillères à soupe de liqueur d'orange

15 ml/1 cuillère à soupe de zeste d'orange râpé

Battre ensemble le beurre ou la margarine et le sucre jusqu'à obtenir une consistance légère et mousseuse. Incorporer suffisamment de liqueur d'orange pour obtenir une consistance tartinable, puis incorporer le zeste d'orange.

Biscuits à l'avoine et aux raisins secs

Cela fait 20

175 g/6 oz/¾ tasse de farine nature (tout usage)

150 g/5 oz/1¼ tasse de flocons d'avoine

5 ml/1 cuillère à café de gingembre moulu

2,5 ml/½ cuillère à café de levure chimique

2,5 ml/½ cuillère à café de bicarbonate de soude (bicarbonate de soude)

100 g/4 oz/½ tasse de cassonade molle

50 g/2 oz/1/3 tasse de raisins secs

1 œuf légèrement battu

150 ml/¼ pt/2/3 tasse d'huile

60 ml/4 cuillères à soupe de lait

Mélangez les ingrédients secs, incorporez les raisins secs et faites un puits au centre. Ajouter l'œuf, l'huile et le lait et mélanger jusqu'à obtenir une pâte molle. Placer des cuillerées du mélange sur une plaque à pâtisserie non graissée et aplatir légèrement avec une fourchette. Cuire au four préchauffé à 200°C/400°F/thermostat 6 pendant 10 minutes jusqu'à ce qu'ils soient dorés.

Biscuits à l'avoine épicés

Donne 30

100 g/4 oz/½ tasse de beurre ou de margarine, ramollie

100 g/4 oz/½ tasse de cassonade molle

100 g/4 oz/½ tasse de sucre en poudre (superfin)

1 oeuf

2,5 ml/½ cuillère à café d'essence de vanille (extrait)

100 g/4 oz/1 tasse de farine nature (tout usage)

2,5 ml/½ cuillère à café de bicarbonate de soude (bicarbonate de soude)

Une pincée de sel

5 ml/1 cuillère à café de cannelle moulue

Une pincée de muscade râpée

100 g/4 oz/1 tasse de flocons d'avoine

50 g/2 oz/½ tasse de noix mélangées hachées

50 g/2 oz/½ tasse de pépites de chocolat

Battre ensemble le beurre ou la margarine et les sucres jusqu'à obtenir une consistance légère et mousseuse. Incorporer progressivement l'œuf et l'essence de vanille. Mélangez la farine, le bicarbonate de soude, le sel et les épices et ajoutez-les au mélange. Incorporer les flocons d'avoine, les noix et les pépites de chocolat. Déposez des cuillères à café arrondies sur une plaque à pâtisserie graissée et faites cuire les biscuits (biscuits) dans un four préchauffé à 180°C/350°F/thermostat 4 pendant 10 minutes jusqu'à ce qu'ils soient légèrement dorés.

Biscuits à l'avoine complète

Donne 24

100 g/4 oz/½ tasse de beurre ou de margarine

200 g/7 oz/1¾ tasse de flocons d'avoine

75 g/3 oz/¾ tasse de farine complète (blé complet)

50 g/2 oz/½ tasse de farine nature (tout usage)

5 ml/1 cuillère à café de levure chimique

50 g/2 oz/¼ tasse de sucre demerara

1 œuf légèrement battu

30 ml/2 cuillères à soupe de lait

Frottez le beurre ou la margarine avec les flocons d'avoine, les farines et la levure chimique jusqu'à ce que le mélange ressemble à de la chapelure. Incorporer le sucre, puis l'œuf et le lait pour obtenir une pâte ferme. Abaisser la pâte sur un plan légèrement fariné jusqu'à environ 1 cm d'épaisseur et la couper en ronds avec un emporte-pièce de 5 cm. Placez les biscuits (biscuits) sur une plaque à pâtisserie graissée et faites cuire au four préchauffé à 190°C/375°F/thermostat 5 pendant environ 15 minutes jusqu'à ce qu'ils soient dorés.

Biscuits à l'Orange

Donne 24

100 g/4 oz/½ tasse de beurre ou de margarine, ramollie

50 g/2 oz/¼ tasse de sucre en poudre (superfin)

Le zeste râpé d'1 orange

150 g/5 oz/1¼ tasse de farine autolevante (autolevante)

Battre ensemble le beurre ou la margarine et le sucre jusqu'à obtenir une consistance légère et mousseuse. Travailler le zeste d'orange, puis incorporer la farine pour obtenir un mélange ferme. Formez de grosses boules de la taille d'une noix et disposez-les bien espacées sur une plaque à pâtisserie graissée, puis appuyez légèrement avec une fourchette pour aplatir. Cuire les biscuits (cookies) dans un four préchauffé à 180°C/350°F/thermostat 4 pendant 15 minutes jusqu'à ce qu'ils soient dorés.

Biscuits à l'orange et au citron

Donne 30

50 g/2 oz/¼ tasse de beurre ou de margarine, ramolli

75 g/3 oz/1/3 tasse de sucre en poudre (superfin)

1 jaune d'oeuf

Le zeste râpé d'une ½ orange

15 ml/1 cuillère à soupe de jus de citron

150 g/5 oz/1¼ tasse de farine nature (tout usage)

2,5 ml/½ cuillère à café de levure chimique

Une pincée de sel

Battre ensemble le beurre ou la margarine et le sucre jusqu'à obtenir une consistance légère et mousseuse. Incorporez progressivement le jaune d'oeuf, le zeste d'orange et le jus de citron, puis incorporez la farine, la levure chimique et le sel pour obtenir une pâte ferme. Envelopper et filmer (film plastique) et réfrigérer pendant 30 minutes.

Abaisser sur une surface légèrement farinée jusqu'à environ 5 mm d'épaisseur et découper des formes avec un emporte-pièce. Placer les biscuits sur une plaque à pâtisserie graissée et cuire au four préchauffé à 190°C/375°F/thermostat 5 pendant 10 minutes.

Biscuits à l'orange et aux noix

Donne 16

100 g/4 oz/½ tasse de beurre ou de margarine

75 g/3 oz/1/3 tasse de sucre en poudre (superfin)

Le zeste râpé d'une ½ orange

150 g/5 oz/1¼ tasse de farine autolevante (autolevante)

50 g/2 oz/½ tasse de noix, moulues

Battre le beurre ou la margarine avec 50 g/2 oz/¼ tasse de sucre et le zeste d'orange jusqu'à obtenir une consistance lisse et crémeuse. Ajouter la farine et les noix et battre à nouveau jusqu'à ce que le mélange commence à tenir. Former des boules et les aplatir sur une plaque à pâtisserie graissée (à biscuits). Cuire les biscuits (cookies) dans un four préchauffé à 190°C/375°F/thermostat 5 pendant 10 minutes jusqu'à ce qu'ils soient dorés sur les bords. Saupoudrer du sucre réservé et laisser refroidir légèrement avant de transférer sur une grille pour refroidir.

Biscuits à l'orange et aux pépites de chocolat

Donne 30

50 g/2 oz/¼ tasse de beurre ou de margarine, ramolli

75 g/3 oz/1/3 tasse de saindoux (shortening)

175 g/6 oz/¾ tasse de cassonade molle

100 g/7 oz/1¾ tasses de farine complète (blé complet)

75 g/3 oz/¾ tasse d'amandes moulues

10 ml/2 cuillères à café de levure chimique

75 g/3 oz/¾ tasse de gouttes de chocolat

Le zeste râpé de 2 oranges

15 ml/1 cuillère à soupe de jus d'orange

1 oeuf

Sucre en poudre (superfin) pour saupoudrer

Battre ensemble le beurre ou la margarine, le saindoux et la cassonade jusqu'à obtenir une consistance légère et mousseuse. Ajouter le reste des ingrédients sauf le sucre en poudre et mélanger pour obtenir une pâte. Abaisser sur une surface farinée sur 5 mm d'épaisseur et couper des biscuits à l'aide d'un emporte-pièce. Disposer sur une plaque à pâtisserie graissée et cuire au four préchauffé à 180°C/350°F/thermostat 4 pendant 20 minutes jusqu'à ce qu'ils soient dorés.

Biscuits à l'orange épicés

Cela fait 10

225 g/8 oz/2 tasses de farine nature (tout usage)

2,5 ml/½ cuillère à café de cannelle moulue

Une pincée d'épices mélangées (tarte aux pommes)

75 g/3 oz/1/3 tasse de sucre en poudre (superfin)

150 g/5 oz/2/3 tasse de beurre ou de margarine, ramollie

2 jaunes d'œufs

Le zeste râpé d'1 orange

75 g/3 oz/¾ tasse de chocolat nature (mi-sucré)

Mélangez la farine et les épices, puis incorporez le sucre. Incorporer le beurre ou la margarine, les jaunes d'œufs et le zeste d'orange et mélanger jusqu'à obtenir une pâte lisse. Envelopper dans du film alimentaire (pellicule plastique) et réfrigérer pendant 1 heure.

Versez la pâte dans une poche à douille munie d'une grande douille étoile (embout) et déposez des longueurs de tuyaux sur une plaque à pâtisserie graissée (à biscuits). Cuire au four préchauffé à 190°C/375°F/thermostat 5 pendant 10 minutes jusqu'à ce qu'ils soient dorés. Laisser refroidir.

Faire fondre le chocolat dans un bol résistant à la chaleur posé sur une casserole d'eau frémissante doucement. Trempez les extrémités des biscuits dans le chocolat fondu et laissez-les sur une feuille de papier sulfurisé jusqu'à ce qu'elles soient prises.

Biscuits au beurre de cacahuète

Cela fait 18

100 g/4 oz/½ tasse de beurre ou de margarine, ramollie

100 g/4 oz/½ tasse de sucre en poudre (superfin)

100 g/4 oz/½ tasse de beurre de cacahuète croquant ou onctueux

60 ml/4 cuillères à soupe de sirop doré (maïs léger)

15 ml/1 cuillère à soupe de lait

175 g/6 oz/1½ tasse de farine nature (tout usage)

2,5 ml/½ cuillère à café de bicarbonate de soude (bicarbonate de soude)

Battre ensemble le beurre ou la margarine et le sucre jusqu'à obtenir une consistance légère et mousseuse. Incorporer le beurre de cacahuète, suivi du sirop et du lait. Mélanger la farine et le bicarbonate de soude et incorporer au mélange, puis pétrir jusqu'à consistance lisse. Façonner en bûche et réfrigérer jusqu'à ce qu'il soit ferme.

Couper en tranches de 5 mm/¼ d'épaisseur et disposer sur une plaque à pâtisserie (à biscuits) légèrement graissée. Cuire les biscuits (cookies) dans un four préchauffé à 180°C/350°F/thermostat 4 pendant 12 minutes jusqu'à ce qu'ils soient dorés.

Tourbillons au beurre de cacahuète et au chocolat

Donne 24

50 g/2 oz/¼ tasse de beurre ou de margarine, ramolli

50 g/2 oz/¼ tasse de cassonade molle

50 g/2 oz/¼ tasse de sucre en poudre (superfin)

50 g/2 oz/¼ tasse de beurre d'arachide crémeux

1 jaune d'oeuf

75 g/3 oz/¾ tasse de farine nature (tout usage)

2,5 ml/½ cuillère à café de bicarbonate de soude (bicarbonate de soude)

50 g/2 oz/½ tasse de chocolat nature (mi-sucré)

Battre ensemble le beurre ou la margarine et les sucres jusqu'à obtenir une consistance légère et mousseuse. Incorporez progressivement le beurre de cacahuète, puis le jaune d'oeuf. Mélangez la farine et le bicarbonate de soude et incorporez-les au mélange pour obtenir une pâte ferme. Pendant ce temps, faites fondre le chocolat dans un bol résistant à la chaleur posé sur une casserole d'eau frémissante. Abaisser la pâte sur 30 x 46 cm/12 x 18 po et étaler le chocolat fondu presque jusqu'aux bords. Rouler sur le côté long, envelopper dans un film alimentaire (pellicule plastique) et réfrigérer jusqu'à ce qu'il soit ferme.

Coupez le rouleau en tranches de 5 mm/¼ de pouce et disposez-le sur une plaque à pâtisserie non graissée. Cuire au four préchauffé à 180°C/350°F/thermostat 4 pendant 10 minutes jusqu'à ce qu'ils soient dorés.

Biscuits à l'avoine et au beurre de cacahuète

Donne 24

75 g/3 oz/1/3 tasse de beurre ou de margarine, ramollie

75 g/3 oz/1/3 tasse de beurre de cacahuète

150 g/5 oz/2/3 tasse de cassonade molle

1 oeuf

50 g/2 oz/½ tasse de farine nature (tout usage)

2,5 ml/½ cuillère à café de levure chimique

Une pincée de sel

Quelques gouttes d'essence de vanille (extrait)

75 g/3 oz/¾ tasse de flocons d'avoine

40 g/1½ oz/1/3 tasse de pépites de chocolat

Battre ensemble le beurre ou la margarine, le beurre de cacahuète et le sucre jusqu'à obtenir une consistance légère et mousseuse. Incorporez progressivement l'œuf. Incorporer la farine, la levure chimique et le sel. Incorporer l'essence de vanille, les flocons d'avoine et les pépites de chocolat. Déposez des cuillerées sur une plaque à pâtisserie graissée et faites cuire les biscuits (biscuits) dans un four préchauffé à 180°C/350°F/thermostat 4 pendant 15 minutes.

Biscuits au miel et au beurre de cacahuète

Donne 24

120 ml/4 fl oz/½ tasse d'huile

175 g/6 oz/½ tasse de miel clair

175 g/6 oz/¾ tasse de beurre d'arachide croquant

1 œuf battu

100 g/4 oz/1 tasse de flocons d'avoine

225 g/8 oz/2 tasses de farine complète (blé complet)

50 g/2 oz/½ tasse de noix de coco desséchée (râpée)

Mélangez l'huile, le miel, le beurre de cacahuète et l'œuf, puis incorporez le reste des ingrédients. Déposez des cuillerées sur une plaque à pâtisserie graissée et aplatissez légèrement à environ 6 mm/¼ d'épaisseur. Cuire les biscuits (cookies) dans un four préchauffé à 180°C/350°F/thermostat 4 pendant 12 minutes jusqu'à ce qu'ils soient dorés.

Biscuits aux noix de pécan

Donne 24

100 g/4 oz/½ tasse de beurre ou de margarine, ramollie

45 ml/3 cuillères à soupe de cassonade molle

100 g/4 oz/1 tasse de farine nature (tout usage)

Une pincée de sel

5 ml/1 cuillère à café d'essence de vanille (extrait)

100 g/4 oz/1 tasse de noix de pécan, finement hachées

Sucre glace (de confiserie), tamisé, pour saupoudrer

Battre ensemble le beurre ou la margarine et le sucre jusqu'à obtenir une consistance légère et mousseuse. Incorporez progressivement le reste des ingrédients sauf le sucre glace. Façonner en boules de 3 cm/1½ po et disposer sur une plaque à pâtisserie (à biscuits) graissée. Cuire les biscuits (cookies) dans un four préchauffé à 160°C/325°F/thermostat 3 pendant 15 minutes jusqu'à ce qu'ils soient dorés. Servir saupoudré de sucre glace.

Biscuits au moulinet

Donne 24

175 g/6 oz/1½ tasse de farine nature (tout usage)

5 ml/1 cuillère à café de levure chimique

Une pincée de sel

75 g/3 oz/1/3 tasse de beurre ou de margarine

75 g/3 oz/1/3 tasse de sucre en poudre (superfin)

Quelques gouttes d'essence de vanille (extrait)

20 ml/4 cuillères à café d'eau

10 ml/2 cuillères à café de poudre de cacao (chocolat non sucré)

Mélangez la farine, la levure chimique et le sel, puis incorporez le beurre ou la margarine jusqu'à ce que le mélange ressemble à de la chapelure. Incorporer le sucre. Ajouter l'essence de vanille et l'eau et mélanger jusqu'à obtenir une pâte lisse. Formez une boule, puis coupez-la en deux. Travaillez le cacao dans la moitié de la pâte. Étalez chaque morceau de pâte sur un rectangle de 25 x 18 cm/10 x 7 pouces et placez-les les uns sur les autres. Roulez doucement pour qu'ils collent ensemble. Rouler la pâte sur le côté long et presser doucement. Envelopper dans un film alimentaire (pellicule plastique) et réfrigérer environ 30 minutes.

Couper en tranches de 2,5 cm/1 po d'épaisseur et disposer, bien espacées, sur une plaque à pâtisserie graissée. Cuire les biscuits (cookies) dans un four préchauffé à 180°C/350°F/thermostat 4 pendant 15 minutes jusqu'à ce qu'ils soient dorés.

Biscuits rapides au babeurre

Donne 12

75 g/3 oz/1/3 tasse de beurre ou de margarine

225 g/8 oz/2 tasses de farine nature (tout usage)

15 ml/1 cuillère à soupe de levure chimique

2,5 ml/½ cuillère à café de sel

175 ml/6 fl oz/¾ tasse de babeurre

Sucre glace (confiseur), tamisé, pour saupoudrer (facultatif)

Frottez le beurre ou la margarine avec la farine, la levure chimique et le sel jusqu'à ce que le mélange ressemble à de la chapelure. Ajoutez progressivement le babeurre pour obtenir une pâte molle. Étalez le mélange sur une surface légèrement farinée sur environ 2 cm d'épaisseur et coupez-le en rondelles avec un emporte-pièce. Placer les biscuits sur une plaque à pâtisserie graissée et cuire au four préchauffé à 230°C/450°F/thermostat 8 pendant 10 minutes jusqu'à ce qu'ils soient dorés. Saupoudrer de sucre glace, si vous le souhaitez.

Biscuits aux raisins

Donne 24

100 g/4 oz/½ tasse de beurre ou de margarine, ramollie

50 g/2 oz/¼ tasse de sucre en poudre (superfin)

Le zeste râpé d'1 citron

50 g/2 oz/1/3 tasse de raisins secs

150 g/5 oz/1¼ tasse de farine autolevante (autolevante)

Battre ensemble le beurre ou la margarine et le sucre jusqu'à obtenir une consistance légère et mousseuse. Travaillez le zeste de citron, puis incorporez les raisins secs et la farine pour obtenir un mélange ferme. Formez de grosses boules de la taille d'une noix et disposez-les bien espacées sur une plaque à pâtisserie graissée, puis appuyez légèrement avec une fourchette pour aplatir. Cuire les biscuits (cookies) dans un four préchauffé à 180°C/350°F/thermostat 4 pendant 15 minutes jusqu'à ce qu'ils soient dorés.

Biscuits moelleux aux raisins

Donne 36

100 g/4 oz/2/3 tasse de raisins secs

90 ml/6 cuillères à soupe d'eau bouillante

50 g/2 oz/¼ tasse de beurre ou de margarine, ramolli

175 g/6 oz/¾ tasse de sucre en poudre (superfin)

1 œuf légèrement battu

2,5 ml/½ cuillère à café d'essence de vanille (extrait)

175 g/6 oz/1½ tasse de farine nature (tout usage)

2,5 ml/½ cuillère à café de levure chimique

1,5 ml/¼ cuillère à café de bicarbonate de soude (bicarbonate de soude)

2,5 ml/½ cuillère à café de sel

2,5 ml/½ cuillère à café de cannelle moulue

Une pincée de muscade râpée

50 g/2 oz/½ tasse de noix mélangées hachées

Mettez les raisins secs et l'eau bouillante dans une casserole, portez à ébullition, couvrez et laissez mijoter 3 minutes. Laisser refroidir. Battre ensemble le beurre ou la margarine et le sucre jusqu'à obtenir une consistance légère et mousseuse. Incorporer progressivement l'œuf et l'essence de vanille. Incorporer la farine, la levure chimique, le bicarbonate de soude, le sel et les épices en alternant avec les raisins secs et le liquide de trempage. Incorporer les noix et mélanger jusqu'à obtenir une pâte molle. Envelopper dans un film alimentaire (pellicule plastique) et réfrigérer au moins 1 heure.

Déposez des cuillerées de pâte sur une plaque à pâtisserie graissée et faites cuire les biscuits (biscuits) dans un four préchauffé à

180°C/350°F/thermostat 4 pendant 10 minutes jusqu'à ce qu'ils soient dorés.

Tranches de raisins secs et de mélasse

Donne 24

25 g/1 oz/2 cuillères à soupe de beurre ou de margarine, ramollie

100 g/4 oz/½ tasse de sucre en poudre (superfin)

1 jaune d'oeuf

30 ml/2 cuillères à soupe de mélasse noire (mélasse)

75 g/3 oz/½ tasse de groseilles

150 g/5 oz/1¼ tasse de farine nature (tout usage)

5 ml/1 cuillère à café de bicarbonate de soude (bicarbonate de soude)

5 ml/1 cuillère à café de cannelle moulue

Une pincée de sel

30 ml/2 cuillères à soupe de café noir froid

Battre ensemble le beurre ou la margarine et le sucre jusqu'à obtenir une consistance légère et mousseuse. Incorporez progressivement le jaune d'œuf et la mélasse, puis incorporez les groseilles. Mélangez la farine, le bicarbonate de soude, la cannelle et le sel et incorporez-les au mélange avec le café. Couvrir et réfrigérer le mélange.

Étalez-la sur un carré de 30 cm, puis roulez-la en bûche. Placer sur une plaque à pâtisserie graissée et cuire au four préchauffé à 180°C/350°F/thermostat 4 pendant 15 minutes jusqu'à ce qu'il soit ferme au toucher. Coupez-le en tranches, puis laissez-le refroidir sur une grille.

Biscuits Ratafia

Donne 16

100 g/4 oz/½ tasse de sucre cristallisé

50 g/2 oz/¼ tasse d'amandes moulues

15 ml/1 cuillère à soupe de riz moulu

1 blanc d'oeuf

25 g/1 oz/¼ tasse d'amandes effilées (effilées)

Mélangez le sucre, la poudre d'amandes et le riz moulu. Incorporer le blanc d'œuf et continuer à battre pendant 2 minutes. Déposez des biscuits (biscuits) de la taille d'une noix sur une plaque à pâtisserie (à biscuits) recouverte de papier de riz à l'aide d'une douille unie de 5 mm (embout). Déposez une amande effilée sur chaque biscuit. Cuire au four préchauffé à 190°C/375°F/thermostat 5 pendant 15 minutes jusqu'à ce qu'ils soient dorés.

Biscuits au riz et au muesli

Donne 24

75 g/3 oz/¼ tasse de riz brun cuit

50 g/2 oz/½ tasse de muesli

75 g/3 oz/¾ tasse de farine complète (blé complet)

2,5 ml/½ cuillère à café de sel

2,5 ml/½ cuillère à café de bicarbonate de soude (bicarbonate de soude)

5 ml/1 cuillère à café d'épices mélangées moulues (tarte aux pommes)

30 ml/2 cuillères à soupe de miel clair

75 g/3 oz/1/3 tasse de beurre ou de margarine, ramollie

Mélangez le riz, le muesli, la farine, le sel, le bicarbonate de soude et le mélange d'épices. Crémer ensemble le miel et le beurre ou la margarine jusqu'à ce qu'ils soient tendres. Incorporer au mélange de riz. Façonnez le mélange en boules de la taille d'une noix et placez-les bien espacées sur des plaques à pâtisserie graissées. Aplatir légèrement, puis cuire au four préchauffé à 190°C/375°F/thermostat 5 pendant 15 minutes ou jusqu'à ce qu'ils soient dorés. Laisser refroidir 10 minutes, puis transférer sur une grille pour terminer le refroidissement. conserver dans une caisse hermétiquement fermée.

Crèmes romani

Cela fait 10

25 g/1 oz/2 cuillères à soupe de saindoux (shortening)

25 g/1 oz/2 cuillères à soupe de beurre ou de margarine, ramollie

50 g/2 oz/¼ tasse de cassonade molle

2,5 ml/½ cuillère à café de sirop doré (maïs léger)

50 g/2 oz/½ tasse de farine nature (tout usage)

Une pincée de sel

25 g/1 oz/¼ tasse de flocons d'avoine

2,5 ml/½ cuillère à café d'épices mélangées moulues (pour tarte aux pommes)

2,5 ml/½ cuillère à café de bicarbonate de soude (bicarbonate de soude)

10 ml/2 cuillères à café d'eau bouillante

Glaçage au beurre

Battre ensemble le saindoux, le beurre ou la margarine et le sucre jusqu'à obtenir une consistance légère et mousseuse. Incorporer le sirop, puis ajouter la farine, le sel, les flocons d'avoine et le mélange d'épices et remuer jusqu'à ce que le tout soit bien mélangé. Dissoudre le bicarbonate de soude dans l'eau et mélanger pour obtenir une pâte ferme. Formez 20 petites boules de taille égale et placez-les bien espacées sur des plaques à pâtisserie graissées. Aplatir légèrement avec la paume de la main. Cuire au four préchauffé à 160°C/325°F/thermostat 3 pendant 15 minutes. Laisser refroidir sur les plaques à pâtisserie. Une fois refroidis, prenez des paires de biscuits en sandwich avec le glaçage au beurre (glaçage).

Biscuits au Sable

Donne 48

100 g/4 oz/½ tasse de beurre ou de margarine dure, ramollie

225 g/8 oz/1 tasse de cassonade molle

1 œuf légèrement battu

225 g/8 oz/2 tasses de farine nature (tout usage)

Blanc d'oeuf à glacer

30 ml/2 cuillères à soupe de cacahuètes concassées

Battre ensemble le beurre ou la margarine et le sucre jusqu'à obtenir une consistance légère et mousseuse. Battre l'œuf, puis incorporer la farine. Étalez très finement sur un plan légèrement fariné et découpez des formes à l'aide d'un emporte-pièce. Placez les biscuits sur une plaque à pâtisserie graissée, badigeonnez le dessus de blanc d'œuf et saupoudrez de cacahuètes. Cuire au four préchauffé à 180°C/350°F/thermostat 4 pendant 10 minutes jusqu'à ce qu'ils soient dorés.

Biscuits à la crème sure

Donne 24

50 g/2 oz/¼ tasse de beurre ou de margarine, ramolli

175 g/6 oz/¾ tasse de sucre en poudre (superfin)

1 oeuf

60 ml/4 cuillères à soupe de crème aigre (aigre-laitière)

2. 5 ml/½ cuillère à café d'essence de vanille (extrait)

150 g/5 oz/1¼ tasse de farine nature (tout usage)

2,5 ml/½ cuillère à café de levure chimique

75 g/3 oz/½ tasse de raisins secs

Battre ensemble le beurre ou la margarine et le sucre jusqu'à obtenir une consistance légère et mousseuse. Incorporez progressivement l'œuf, la crème et l'essence de vanille. Mélanger la farine, la levure chimique et les raisins secs et incorporer au mélange jusqu'à ce que le tout soit bien mélangé. Déposez des cuillères à café arrondies du mélange sur des plaques à pâtisserie légèrement graissées et faites cuire au four préchauffé à 180°C/350°F/thermostat 4 pendant environ 10 minutes jusqu'à ce qu'elles soient juste dorées.

Biscuits à la cassonade

Donne 24

100 g/4 oz/½ tasse de beurre ou de margarine, ramollie

100 g/4 oz/½ tasse de cassonade molle

1 œuf légèrement battu

2,5 ml/1 cuillère à café d'essence de vanille (extrait)

150 g/5 oz/1¼ tasse de farine nature (tout usage)

2,5 ml/½ cuillère à café de bicarbonate de soude (bicarbonate de soude)

Une pincée de sel

75 g/3 oz/½ tasse de raisins secs (raisins dorés)

Battre ensemble le beurre ou la margarine et le sucre jusqu'à obtenir une consistance légère et mousseuse. Incorporer progressivement l'œuf et l'essence de vanille. Incorporer le reste des ingrédients jusqu'à consistance lisse. Déposez des cuillères à café arrondies bien espacées sur une plaque à pâtisserie (à biscuits) légèrement graissée. Cuire les biscuits (cookies) dans un four préchauffé à 180°C/ 350°F/thermostat 4 pendant 12 minutes jusqu'à ce qu'ils soient dorés.

Biscuits au sucre et à la muscade

Donne 24

50 g/2 oz/¼ tasse de beurre ou de margarine, ramolli

100 g/4 oz/½ tasse de sucre en poudre (superfin)

1 jaune d'oeuf

2,5 ml/½ cuillère à café d'essence de vanille (extrait)

150 g/5 oz/1¼ tasse de farine nature (tout usage)

5 ml/1 cuillère à café de levure chimique

Une pincée de muscade râpée

60 ml/4 cuillères à soupe de crème aigre (aigre-laitière)

Battre ensemble le beurre ou la margarine et le sucre jusqu'à obtenir une consistance légère et mousseuse. Incorporer le jaune d'œuf et l'essence de vanille, puis incorporer la farine, la levure chimique et la muscade. Incorporer la crème jusqu'à consistance lisse. Couvrir et réfrigérer 30 minutes.

Abaisser la pâte sur 5 mm/¼ po d'épaisseur et la couper en ronds de 5 cm/2 po avec un emporte-pièce. Placer les biscuits sur une plaque à pâtisserie non graissée et cuire au four préchauffé à 200°C/400°F/thermostat 6 pendant 10 minutes jusqu'à ce qu'ils soient dorés.

sables

Cela fait 8

150 g/5 oz/1¼ tasse de farine nature (tout usage)

Une pincée de sel

25 g/1 oz/¼ tasse de farine de riz ou de riz moulu

50 g/2 oz/¼ tasse de sucre en poudre (superfin)

100 g/4 oz/¼ tasse de beurre ou de margarine dure, réfrigérée et râpée

Mélangez la farine, le sel et la farine de riz ou le riz moulu. Incorporez le sucre, puis le beurre ou la margarine. Travailler le mélange du bout des doigts jusqu'à ce qu'il ressemble à de la chapelure. Presser dans un moule à sandwich (poêle) de 18 cm/7 po et niveler le dessus. Piquez partout avec une fourchette et marquez en huit quartiers égaux, en coupant jusqu'à la base. Mettre au frais 1 heure.

Cuire au four préchauffé à 150°C/ 300°F/thermostat 2 pendant 1 heure jusqu'à ce qu'ils soient de couleur paille pâle. Laisser refroidir dans le moule avant de démouler.

Sablés de Noël

Donne 12

175 g/6 oz/¾ tasse de beurre ou de margarine

250 g/9 oz/2¼ tasses de farine nature (tout usage)

75 g/3 oz/1/3 tasse de sucre en poudre (superfin)

Pour la garniture :

15 ml/1 cuillère à soupe d'amandes hachées

15 ml/1 cuillère à soupe de noix hachées

30 ml/2 cuillères à soupe de raisins secs

30 ml/2 cuillères à soupe de cerises glacées, hachées

Le zeste râpé d'1 citron

15 ml/1 cuillère à soupe de sucre en poudre (superfin) pour saupoudrer

Frottez le beurre ou la margarine dans la farine jusqu'à ce que le mélange ressemble à de la chapelure. Incorporer le sucre. Presser le mélange jusqu'à obtenir une pâte et pétrir jusqu'à consistance lisse. Presser dans un moule à rouleau suisse graissé (moule à gelée) et niveler la surface. Mélangez les ingrédients de la garniture et pressez-les dans la pâte. Marquer en 12 doigts, puis cuire au four préchauffé à 180°C/350°F/thermostat 4 pendant 30 minutes. Saupoudrer de sucre semoule, couper en doigts et laisser refroidir dans le moule.

Sablés Au Miel

Donne 12

100 g/4 oz/½ tasse de beurre ou de margarine, ramollie

75 g/3 oz/¼ tasse de miel entier

200 g/7 oz/1¾ tasses de farine complète (blé complet)

25 g/1 oz/¼ tasse de farine de riz brun

Le zeste râpé d'1 citron

Battre ensemble le beurre ou la margarine et le miel jusqu'à ce qu'ils soient tendres. Incorporer les farines et le zeste de citron et travailler jusqu'à obtenir une pâte molle. Presser dans un moule à cake ou un moule à sablé de 18 cm beurré et fariné et piquer partout avec une fourchette. Marquez en 12 coins et sertissez les bords. Mettre au frais 1 heure.

Cuire au four préchauffé à 150°C/ 300°F/thermostat 2 pendant 40 minutes jusqu'à ce qu'ils soient juste dorés. Couper en morceaux marqués et laisser refroidir dans le moule.

Sablés Au Citron

Donne 12

100 g/4 oz/1 tasse de farine nature (tout usage)

50 g/2 oz/½ tasse de farine de maïs (amidon de maïs)

100 g/4 oz/½ tasse de beurre ou de margarine, ramollie

50 g/2 oz/¼ tasse de sucre en poudre (superfin)

Le zeste râpé d'1 citron

Sucre en poudre (superfin) pour saupoudrer

Tamisez ensemble la farine et la maïzena. Crémer le beurre ou la margarine jusqu'à ce qu'ils soient tendres, puis incorporer le sucre en poudre jusqu'à ce qu'il soit pâle et mousseux. Incorporer le zeste de citron, puis incorporer le mélange de farine jusqu'à ce que le tout soit bien mélangé. Étalez les sablés sur un cercle de 20 cm et placez-les sur une plaque à pâtisserie (à biscuits) graissée. Piquez partout avec une fourchette et cannelez les bords. Coupez-la en 12 quartiers, puis saupoudrez-la de sucre semoule. Refroidir au réfrigérateur pendant 15 minutes. Cuire au four préchauffé à 160°C/325°F/thermostat 3 pendant 35 minutes jusqu'à ce qu'ils soient légèrement dorés. Laisser refroidir sur la plaque à pâtisserie pendant 5 minutes avant de démouler sur une grille pour terminer le refroidissement.

Sablés à la viande hachée

Cela fait 8

175 g/6 oz/¾ tasse de beurre ou de margarine, ramollie

50 g/2 oz/¼ tasse de sucre en poudre (superfin)

225 g/8 oz/2 tasses de farine nature (tout usage)

60 ml/4 cuillères à soupe de viande hachée

Crémer le beurre ou la margarine et le sucre jusqu'à ce qu'ils soient tendres. Incorporer la farine, puis la viande hachée. Presser dans un moule à sandwich de 23 cm/ 7 po et niveler le dessus. Piquez partout avec une fourchette et marquez huit quartiers, en coupant jusqu'à la base. Mettre au frais 1 heure.

Cuire au four préchauffé à 160°C/ 325°F/thermostat 3 pendant 1 heure jusqu'à ce qu'ils soient de couleur paille pâle. Laisser refroidir dans le moule avant de démouler.

Sablés aux noix

Donne 12

100 g/4 oz/½ tasse de beurre ou de margarine, ramollie

50 g/2 oz/¼ tasse de sucre en poudre (superfin)

100 g/4 oz/1 tasse de farine nature (tout usage)

50 g/2 oz/½ tasse de riz moulu

50 g/2 oz/½ tasse d'amandes, finement hachées

Battre ensemble le beurre ou la margarine et le sucre jusqu'à consistance légère et mousseuse. Incorporer la farine et le riz moulu. Incorporer les noix et mélanger jusqu'à obtenir une pâte ferme. Pétrir légèrement jusqu'à consistance lisse. Presser dans le fond d'un moule à rouleaux suisses graissé (moule à rouleaux gélifiés) et niveler la surface. Piquez partout avec une fourchette. Cuire au four préchauffé à 160°C/325°F/thermostat 3 pendant 45 minutes jusqu'à ce qu'ils soient légèrement dorés. Laisser refroidir dans le moule pendant 10 minutes, puis couper en doigts. Laisser refroidir dans le moule avant de démouler.

Sablés à l'Orange

Donne 12

100 g/4 oz/1 tasse de farine nature (tout usage)

50 g/2 oz/½ tasse de farine de maïs (amidon de maïs)

100 g/4 oz/½ tasse de beurre ou de margarine, ramollie

50 g/2 oz/¼ tasse de sucre en poudre (superfin)

Le zeste râpé d'1 orange

Sucre en poudre (superfin) pour saupoudrer

Tamisez ensemble la farine et la maïzena. Crémer le beurre ou la margarine jusqu'à ce qu'ils soient tendres, puis incorporer le sucre en poudre jusqu'à ce qu'il soit pâle et mousseux. Incorporer le zeste d'orange, puis incorporer le mélange de farine jusqu'à ce que le tout soit bien mélangé. Étalez les sablés sur un cercle de 20 cm et placez-les sur une plaque à pâtisserie (à biscuits) graissée. Piquez partout avec une fourchette et cannelez les bords. Coupez-la en 12 quartiers, puis saupoudrez-la de sucre semoule. Refroidir au réfrigérateur pendant 15 minutes. Cuire au four préchauffé à 160°C/325°F/thermostat 3 pendant 35 minutes jusqu'à ce qu'ils soient légèrement dorés. Laisser refroidir sur la plaque à pâtisserie pendant 5 minutes avant de démouler sur une grille pour terminer le refroidissement.

Sablés de l'homme riche

Donne 36

Pour le socle :
225 g/8 oz/1 tasse de beurre ou de margarine

275 g/10 oz/2½ tasses de farine nature (tout usage)

100 g/4 oz/½ tasse de sucre en poudre (superfin)

Pour le remplissage:
225 g/8 oz/1 tasse de beurre ou de margarine

225 g/8 oz/1 tasse de cassonade molle

60 ml/4 cuillères à soupe de sirop doré (maïs léger)

400 g/14 oz de lait concentré en conserve

Quelques gouttes d'essence de vanille (extrait)

Pour la garniture :
225 g/8 oz/2 tasses de chocolat nature (mi-sucré)

Pour faire la base, frottez le beurre ou la margarine dans la farine, puis incorporez le sucre et pétrissez le mélange jusqu'à obtenir une pâte ferme. Presser dans le fond d'un moule à rouleaux suisses graissé (moule à rouleaux de gelée) recouvert de papier d'aluminium. Cuire au four préchauffé à 180°C/ 350°F/thermostat 4 pendant 35 minutes jusqu'à ce qu'ils soient dorés. Laisser refroidir dans le moule.

Pour réaliser la garniture, faites fondre le beurre ou la margarine, le sucre, le sirop et le lait concentré dans une casserole à feu doux en remuant continuellement. Portez à ébullition, puis laissez mijoter doucement en remuant continuellement pendant 7 minutes. Retirer du feu, ajouter l'essence de vanille et bien battre. Verser sur le fond et laisser refroidir et prendre.

Faire fondre le chocolat dans un bol résistant à la chaleur posé sur une casserole d'eau frémissante doucement. Étalez sur la couche de caramel et marquez des motifs avec une fourchette. Laisser refroidir et prendre, puis couper en carrés.

Sablés à l'Avoine Complète

Cela fait 10

100 g/4 oz/½ tasse de beurre ou de margarine

150 g/5 oz/1¼ tasse de farine complète (blé complet)

25 g/1 oz/¼ tasse de farine d'avoine

50 g/2 oz/¼ tasse de cassonade molle

Frottez le beurre ou la margarine dans les farines jusqu'à ce que le mélange ressemble à de la chapelure. Incorporer le sucre et travailler légèrement pour obtenir une pâte molle et friable. Abaisser sur une surface légèrement farinée sur environ 1 cm/½ po d'épaisseur et couper en ronds de 5 cm/2 po avec un emporte-pièce. Transférer délicatement sur une plaque à pâtisserie graissée et cuire au four préchauffé à 150°C/300°F/thermostat 3 pendant environ 40 minutes jusqu'à ce qu'ils soient dorés et fermes.

Tourbillons d'amandes

Donne 16

175 g/6 oz/¾ tasse de beurre ou de margarine, ramollie

50 g/2 oz/1/3 tasse de sucre glace (confiseur), tamisé

2,5 ml/½ cuillère à café d'essence d'amande (extrait)

175 g/6 oz/1½ tasse de farine nature (tout usage)

8 cerises glacées (confites), coupées en deux ou en quartiers

Sucre glace (de confiserie), tamisé, pour saupoudrer

Battre ensemble le beurre ou la margarine et le sucre. Incorporer l'essence d'amande et la farine. Transférer le mélange dans une poche à douille munie d'une grosse douille en forme d'étoile (embout). Disposez 16 tourbillons plats sur une plaque à pâtisserie graissée (à biscuits). Garnir chacun d'eux d'un morceau de cerise. Cuire au four préchauffé à 160°C/325°F/thermostat 3 pendant 20 minutes jusqu'à ce qu'ils soient légèrement dorés. Laisser refroidir 5 minutes sur la plaque puis transférer sur une grille et saupoudrer de sucre glace.

Sablés au chocolat et à la meringue

Donne 24

100 g/4 oz/½ tasse de beurre ou de margarine, ramollie

5 ml/1 cuillère à café d'essence de vanille (extrait)

4 blancs d'œufs

200 g/7 oz/1¾ tasses de farine nature (tout usage)

50 g/2 oz/¼ tasse de sucre en poudre (superfin)

45 ml/3 cuillères à soupe de poudre de cacao (chocolat non sucré)

100 g/4 oz/2/3 tasse de sucre glace (confiseur), tamisé

Battez ensemble le beurre ou la margarine, l'essence de vanille et deux blancs d'œufs. Mélangez la farine, le sucre et le cacao, puis incorporez progressivement au mélange de beurre. Presser dans un moule carré (poêle) graissé de 30 cm/12 po. Battez ensemble les blancs d'œufs restants avec le sucre glace et répartissez-les dessus. Cuire au four préchauffé à 190°C/375°F/thermostat 5 pendant 20 minutes jusqu'à ce qu'ils soient dorés. Couper en barres.

Gens de biscuits

Donne environ 12

100 g/4 oz/½ tasse de beurre ou de margarine, ramollie

100 g/4 oz/½ tasse de sucre en poudre (superfin)

1 œuf battu

225 g/8 oz/2 tasses de farine nature (tout usage)

Quelques groseilles et cerises glacées

Battre ensemble le beurre ou la margarine et le sucre. Ajouter progressivement l'œuf et bien battre. Incorporez la farine à l'aide d'une cuillère en métal. Étalez le mélange sur une surface légèrement farinée jusqu'à environ 5 mm d'épaisseur. Découpez des personnages à l'aide d'un emporte-pièce ou d'un couteau en reroulant les parures jusqu'à avoir utilisé toute la pâte. Placer sur une plaque à pâtisserie graissée et enfoncer les groseilles pour les yeux et les boutons. Coupez des tranches de cerise pour les bouches. Cuire les biscuits (cookies) dans un four préchauffé à 190°C/375°F/thermostat 5 pendant 10 minutes jusqu'à ce qu'ils soient brun pâle. Laisser refroidir sur une grille.

Shortcake glacé au gingembre

Donne deux gâteaux de 20 cm/8 po

Pour le shortcake :

225 g/8 oz/1 tasse de beurre ou de margarine, ramolli

100 g/4 oz/½ tasse de sucre en poudre (superfin)

275 g/10 oz/2½ tasses de farine nature (tout usage)

10 ml/2 cuillères à café de levure chimique

10 ml/2 cuillères à café de gingembre moulu

Pour le glaçage (glaçage) :

50 g/2 oz/¼ tasse de beurre ou de margarine

15 ml/1 cuillère à soupe de sirop doré (maïs léger)

100 g/4 oz/2/3 tasse de sucre glace (confiseur), tamisé

5 ml/1 cuillère à café de gingembre moulu

Pour faire le shortcake, battre ensemble le beurre ou la margarine et le sucre jusqu'à obtenir une consistance légère et mousseuse. Incorporer le reste des ingrédients du shortcake pour obtenir une pâte, diviser le mélange en deux et presser dans deux moules à sandwich (moules) graissés de 20 cm/8 po. Cuire au four préchauffé à 160°C/325°F/gasmark 3 pendant 40 minutes.

Pour réaliser le glaçage, faites fondre le beurre ou la margarine et le sirop dans une poêle. Ajoutez le sucre glace et le gingembre et mélangez bien. Verser sur les deux sablés et laisser refroidir, puis couper en quartiers.

Biscuits de Shrewsbury

Donne 24

100 g/4 oz/½ tasse de beurre ou de margarine, ramollie

100 g/4 oz/½ tasse de sucre en poudre (superfin)

1 jaune d'oeuf

225 g/8 oz/2 tasses de farine nature (tout usage)

5 ml/1 cuillère à café de levure chimique

5 ml/1 cuillère à café de zeste de citron râpé

Battre ensemble le beurre ou la margarine et le sucre jusqu'à obtenir une consistance légère et mousseuse. Incorporez progressivement le jaune d'œuf, puis incorporez la farine, la levure chimique et le zeste de citron en terminant avec les mains jusqu'à ce que le mélange se lie. Abaisser à 5 mm/ ¼ po d'épaisseur et couper en ronds de 6 cm/2¼ po avec un emporte-pièce. Placez les biscuits bien espacés sur une plaque à pâtisserie graissée et piquez-les avec une fourchette. Cuire au four préchauffé à 180°C/350°F/thermostat 4 pendant 15 minutes jusqu'à ce qu'ils soient légèrement dorés.

Biscuits épicés espagnols

Donne 16

90 ml/6 cuillères à soupe d'huile d'olive

100 g/4 oz/½ tasse de sucre cristallisé

100 g/4 oz/1 tasse de farine nature (tout usage)

15 ml/1 cuillère à soupe de levure chimique

10 ml/2 cuillères à café de cannelle moulue

3 oeufs

Le zeste râpé d'1 citron

30 ml/2 cuillères à soupe de sucre glace (confiseur), tamisé

Faites chauffer l'huile dans une petite poêle. Mélangez le sucre, la farine, la levure chimique et la cannelle. Dans un autre bol, battre les œufs et le zeste de citron jusqu'à ce qu'ils soient mousseux. Incorporer les ingrédients secs et l'huile pour obtenir une pâte lisse. Versez la pâte dans un moule à suisse bien graissé (moule à gelée) et faites cuire au four préchauffé à 180°C/350°F/thermostat 4 pendant 30 minutes jusqu'à ce qu'elle soit dorée. Démoulez, laissez refroidir, puis coupez en triangles et saupoudrez les biscuits (cookies) de sucre glace.

Biscuits aux épices à l'ancienne

Donne 24

75 g/3 oz/1/3 tasse de beurre ou de margarine

50 g/2 oz/¼ tasse de sucre en poudre (superfin)

45 ml/3 cuillères à soupe de mélasse noire (mélasse)

175 g/6 oz/¾ tasse de farine nature (tout usage)

5 ml/1 cuillère à café de cannelle moulue

5 ml/1 cuillère à café d'épices mélangées moulues (pour tarte aux pommes)

2,5 ml/½ cuillère à café de gingembre moulu

2,5 ml/½ cuillère à café de bicarbonate de soude (bicarbonate de soude)

Faire fondre le beurre ou la margarine, le sucre et la mélasse à feu doux. Mélangez la farine, les épices et le bicarbonate de soude dans un bol. Verser dans le mélange de mélasse et mélanger jusqu'à ce que le tout soit bien mélangé. Mélangez jusqu'à obtenir une pâte molle et formez des petites boules. Disposer, bien espacés, sur une plaque à pâtisserie graissée et presser à plat avec une fourchette. Cuire les biscuits (cookies) dans un four préchauffé à 180°C/350°F/thermostat 4 pendant 12 minutes jusqu'à ce qu'ils soient fermes et dorés.

Biscuits à la mélasse

Donne 24

75 g/3 oz/1/3 tasse de beurre ou de margarine, ramollie

100 g/4 oz/½ tasse de cassonade molle

1 jaune d'oeuf

30 ml/2 cuillères à soupe de mélasse noire (mélasse)

100 g/4 oz/1 tasse de farine nature (tout usage)

5 ml/1 cuillère à café de bicarbonate de soude (bicarbonate de soude)

Une pincée de sel

5 ml/1 cuillère à café de cannelle moulue

2,5 ml/½ cuillère à café de clous de girofle moulus

Battre ensemble le beurre ou la margarine et le sucre jusqu'à consistance légère et mousseuse. Incorporez progressivement le jaune d'oeuf et la mélasse. Mélangez la farine, le bicarbonate de soude, le sel et les épices et incorporez au mélange. Couvrir et réfrigérer.

Rouler le mélange en boules de 3 cm/1½ po et disposer sur une plaque à pâtisserie (à biscuits) graissée. Cuire les biscuits (cookies) dans un four préchauffé à 180°C/350°F/thermostat 4 pendant 10 minutes jusqu'à ce qu'ils soient juste pris.

Biscuits à la mélasse, aux abricots et aux noix

Donne environ 24

50 g/2 oz/¼ tasse de beurre ou de margarine

50 g/2 oz/¼ tasse de sucre en poudre (superfin)

50 g/2 oz/¼ tasse de cassonade molle

1 œuf légèrement battu

2,5 ml/½ cuillère à café de bicarbonate de soude (bicarbonate de soude)

30 ml/2 cuillères à soupe d'eau tiède

45 ml/3 cuillères à soupe de mélasse noire (mélasse)

25 g/1 oz d'abricots secs prêts à manger, hachés

25 g/1 oz/¼ tasse de noix mélangées hachées

100 g/4 oz/1 tasse de farine nature (tout usage)

Une pincée de sel

Une pincée de clous de girofle moulus

Battre ensemble le beurre ou la margarine et les sucres jusqu'à obtenir une consistance légère et mousseuse. Incorporez progressivement l'œuf. Mélangez le bicarbonate de soude avec l'eau, incorporez-le au mélange avec le reste des ingrédients. Déposez des cuillerées sur une plaque à pâtisserie graissée et faites cuire au four préchauffé à 180°C/350°F/thermostat 4 pendant 10 minutes.

Biscuits à la mélasse et au babeurre

Donne 24

50 g/2 oz/¼ tasse de beurre ou de margarine, ramolli

50 g/2 oz/¼ tasse de cassonade molle

150 ml/¼ pt/2/3 tasse de mélasse noire (mélasse)

150 ml/¼ pt/2/3 tasse de babeurre

175 g/6 oz/1½ tasse de farine nature (tout usage)

2,5 ml/½ cuillère à café de bicarbonate de soude (bicarbonate de soude)

Battre ensemble le beurre ou la margarine et le sucre jusqu'à consistance légère et mousseuse, puis incorporer la mélasse et le babeurre en alternance avec la farine et le bicarbonate de soude. Déposez de grosses cuillerées sur une plaque à pâtisserie graissée et faites cuire au four préchauffé à 190°C/375°F/thermostat 5 pendant 10 minutes.

Biscuits à la mélasse et au café

Donne 24

60 g/2½ oz/1/3 tasse de saindoux (shortening)

50 g/2 oz/¼ tasse de cassonade molle

75 g/3 oz/¼ tasse de mélasse noire (mélasse)

2,5 ml/½ cuillère à café d'essence de vanille (extrait)

200 g/7 oz/1¾ tasses de farine nature (tout usage)

5 ml/1 cuillère à café de bicarbonate de soude (bicarbonate de soude)

Une pincée de sel

2,5 ml/½ cuillère à café de gingembre moulu

2,5 ml/½ cuillère à café de cannelle moulue

60 ml/4 cuillères à soupe de café noir froid

Battre ensemble le saindoux et le sucre jusqu'à obtenir une consistance légère et mousseuse. Incorporer la mélasse et l'essence de vanille. Mélanger la farine, le bicarbonate de soude, le sel et les épices et incorporer au mélange en alternance avec le café. Couvrir et réfrigérer plusieurs heures.

Abaisser la pâte sur 5 mm/¼ po d'épaisseur et la couper en ronds de 5 cm/2 po avec un emporte-pièce. Placer les biscuits sur une plaque à pâtisserie non graissée et cuire au four préchauffé à 190°C/375°F/thermostat 5 pendant 10 minutes jusqu'à ce qu'ils soient fermes au toucher.

Cookies à la mélasse et aux dattes

Donne environ 24

50 g/2 oz/¼ tasse de beurre ou de margarine, ramolli

50 g/2 oz/¼ tasse de sucre en poudre (superfin)

50 g/2 oz/¼ tasse de cassonade molle

1 œuf légèrement battu

2,5 ml/½ cuillère à café de bicarbonate de soude (bicarbonate de soude)

30 ml/2 cuillères à soupe d'eau tiède

45 ml/3 cuillères à soupe de mélasse noire (mélasse)

25 g/1 oz/¼ tasse de dattes dénoyautées, hachées

100 g/4 oz/1 tasse de farine nature (tout usage)

Une pincée de sel

Une pincée de clous de girofle moulus

Battre ensemble le beurre ou la margarine et les sucres jusqu'à obtenir une consistance légère et mousseuse. Incorporez progressivement l'œuf. Mélangez le bicarbonate de soude avec l'eau, puis incorporez-le au mélange avec le reste des ingrédients. Déposez des cuillerées sur une plaque à pâtisserie graissée et faites cuire au four préchauffé à 180°C/350°F/thermostat 4 pendant 10 minutes.

Biscuits à la mélasse et au gingembre

Donne 24

50 g/2 oz/¼ tasse de beurre ou de margarine, ramolli

50 g/2 oz/¼ tasse de cassonade molle

150 ml/¼ pt/2/3 tasse de mélasse noire (mélasse)

150 ml/¼ pt/2/3 tasse de babeurre

175 g/6 oz/1½ tasse de farine nature (tout usage)

2,5 ml/½ cuillère à café de bicarbonate de soude (bicarbonate de soude)

2,5 ml/½ cuillère à café de gingembre moulu

1 œuf battu pour glacer

Battre ensemble le beurre ou la margarine et le sucre jusqu'à consistance légère et mousseuse, puis incorporer la mélasse et le babeurre en alternance avec la farine, le bicarbonate de soude et le gingembre moulu. Déposez de grosses cuillerées sur une plaque à pâtisserie graissée et badigeonnez le dessus d'œuf battu. Cuire au four préchauffé à 190°C/375°F/thermostat 5 pendant 10 minutes.

Biscuits à la Vanille

Donne 24

150 g/5 oz/2/3 tasse de beurre ou de margarine, ramollie

100 g/4 oz/½ tasse de sucre en poudre (superfin)

1 œuf battu

225 g/8 oz/2 tasses de farine autolevante (autolevante)

Une pincée de sel

10 ml/2 cuillères à café d'essence de vanille (extrait)

Cerises glacées pour décorer

Battre ensemble le beurre ou la margarine et le sucre jusqu'à obtenir une consistance légère et mousseuse. Incorporer progressivement l'œuf, puis incorporer la farine, le sel et l'essence de vanille et mélanger pour obtenir une pâte. Pétrir jusqu'à consistance lisse. Envelopper dans du film alimentaire (pellicule plastique) et réfrigérer pendant 20 minutes.

Étalez finement la pâte et coupez-la en ronds à l'aide d'un emporte-pièce. Disposer sur une plaque à pâtisserie graissée et déposer une cerise sur chacun. Cuire les biscuits dans un four préchauffé à 180°C/350°F/thermostat 4 pendant 10 minutes jusqu'à ce qu'ils soient dorés. Laisser refroidir sur la plaque à pâtisserie pendant 10 minutes avant de transférer sur une grille pour terminer le refroidissement.

Biscuits aux noix

Donne 36

100 g/4 oz/½ tasse de beurre ou de margarine, ramollie

100 g/4 oz/½ tasse de cassonade molle

100 g/4 oz/½ tasse de sucre en poudre (superfin)

1 gros œuf, légèrement battu

200 g/7 oz/1¾ tasses de farine nature (tout usage)

5 ml/1 cuillère à café de levure chimique

2,5 ml/½ cuillère à café de bicarbonate de soude (bicarbonate de soude)

120 ml/4 fl oz/½ tasse de babeurre

50 g/2 oz/½ tasse de noix, hachées

Crémer ensemble le beurre ou la margarine et les sucres. Incorporez progressivement l'œuf, puis incorporez la farine, la levure chimique et le bicarbonate de soude en alternance avec le babeurre. Incorporer les noix. Déposez de petites cuillerées sur une plaque à pâtisserie graissée et faites cuire les biscuits (biscuits) dans un four préchauffé à 190°C/375°F/thermostat 5 pendant 10 minutes.

Biscuits croustillants

Donne 24

25 g/1 oz de levure fraîche ou 40 ml/ 2½ cuillères à soupe de levure sèche

450 ml/¾ pt/2 tasses de lait chaud

900 g/2 lb/8 tasses de farine (à pain) forte

175 g/6 oz/¾ tasse de beurre ou de margarine, ramollie

30 ml/2 cuillères à soupe de miel clair

2 oeufs, battus

Oeuf battu pour le glaçage

Mélangez la levure avec un peu de lait tiède et laissez reposer 20 minutes dans un endroit tiède. Mettez la farine dans un bol et incorporez-y le beurre ou la margarine. Incorporer le mélange de levure, le reste du lait tiède, le miel et les œufs et mélanger jusqu'à obtenir une pâte molle. Pétrir sur une surface légèrement farinée jusqu'à consistance lisse et élastique. Placer dans un bol huilé, couvrir d'un film alimentaire huilé (pellicule plastique) et laisser dans un endroit chaud pendant 1 heure jusqu'à ce qu'il double de volume.

Pétrissez à nouveau, puis façonnez de longs rouleaux plats et placez-les sur une plaque à pâtisserie graissée (à biscuits). Couvrir d'un film alimentaire huilé et laisser reposer 20 minutes dans un endroit tiède.

Badigeonner d'œuf battu et cuire au four préchauffé à 200°C/400°F/thermostat 6 pendant 20 minutes. Laisser refroidir toute la nuit.

Trancher finement, puis cuire à nouveau dans un four préchauffé à 150°C/300°F/thermostat 2 pendant 30 minutes jusqu'à ce qu'ils soient croustillants et dorés.

Biscuits au cheddar

Donne 12

50 g/2 oz/¼ tasse de beurre ou de margarine

200 g/7 oz/1¾ tasses de farine nature (tout usage)

15 ml/1 cuillère à soupe de levure chimique

Une pincée de sel

50 g/2 oz/½ tasse de fromage Cheddar, râpé

175 ml/6 fl oz/¾ tasse de lait

Frottez le beurre ou la margarine avec la farine, la levure chimique et le sel jusqu'à ce que le mélange ressemble à de la chapelure. Incorporer le fromage, puis ajouter suffisamment de lait pour obtenir une pâte molle. Abaisser sur une surface légèrement farinée jusqu'à environ 2 cm d'épaisseur et couper en rondelles avec un emporte-pièce. Disposer sur une plaque à pâtisserie non graissée et cuire les biscuits (craquelins) dans un four préchauffé à 200°C/400°F/thermostat 6 pendant 15 minutes jusqu'à ce qu'ils soient dorés.

Biscuits au fromage bleu

Donne 12

50 g/2 oz/¼ tasse de beurre ou de margarine

200 g/7 oz/1¾ tasses de farine nature (tout usage)

15 ml/1 cuillère à soupe de levure chimique

50 g/2 oz/½ tasse de fromage Stilton, râpé ou émietté

175 ml/6 fl oz/¾ tasse de lait

Frottez le beurre ou la margarine avec la farine et la levure chimique jusqu'à ce que le mélange ressemble à de la chapelure. Incorporer le fromage, puis ajouter suffisamment de lait pour obtenir une pâte molle. Abaisser sur une surface légèrement farinée jusqu'à environ 2 cm d'épaisseur et couper en rondelles avec un emporte-pièce. Disposer sur une plaque à pâtisserie non graissée et cuire les biscuits (craquelins) dans un four préchauffé à 200°C/400°F/thermostat 6 pendant 15 minutes jusqu'à ce qu'ils soient dorés.

Biscuits au fromage et au sésame

Donne 24

75 g/3 oz/1/3 tasse de beurre ou de margarine

75 g/3 oz/¾ tasse de farine complète (blé complet)

75 g/3 oz/¾ tasse de fromage Cheddar, râpé

30 ml/2 cuillères à soupe de graines de sésame

Sel et poivre noir fraîchement moulu

1 œuf battu

Frottez le beurre ou la margarine dans la farine jusqu'à ce que le mélange ressemble à de la chapelure. Incorporer le fromage et la moitié des graines de sésame et assaisonner de sel et de poivre. Presser ensemble pour former une pâte ferme. Abaisser la pâte sur une surface légèrement farinée jusqu'à environ 5 mm d'épaisseur et la couper en ronds avec un emporte-pièce. Placer les biscuits (crackers) sur une plaque à pâtisserie graissée, badigeonner d'œuf et saupoudrer du reste des graines de sésame. Cuire au four préchauffé à 190°C/375°F/thermostat 5 pendant 10 minutes jusqu'à ce qu'ils soient dorés.

Pailles au Fromage

Donne 16

225 g/8 oz de pâte feuilletée

1 œuf battu

100 g/4 oz/1 tasse de cheddar ou de fromage fort, râpé

15 ml/1 cuillère à soupe de parmesan râpé

Sel et poivre noir fraîchement moulu

Abaisser la pâte (pâte) sur environ 5 mm d'épaisseur et badigeonner généreusement d'œuf battu. Saupoudrer de fromages et assaisonner au goût avec du sel et du poivre. Coupez en lanières et tordez-les doucement en spirales. Placer sur une plaque à pâtisserie (à biscuits) humidifiée et cuire au four préchauffé à 220°C/425°F/thermostat 7 pendant environ 10 minutes jusqu'à ce qu'il soit gonflé et doré.

Biscuits au fromage et aux tomates

Donne 12

50 g/2 oz/¼ tasse de beurre ou de margarine

200 g/7 oz/1¾ tasses de farine nature (tout usage)

15 ml/1 cuillère à soupe de levure chimique

Une pincée de sel

50 g/2 oz/½ tasse de fromage Cheddar, râpé

15 ml/1 cuillère à soupe de purée de tomates (pâte)

150 ml/¼ pt/2/3 tasse de lait

Frottez le beurre ou la margarine avec la farine, la levure chimique et le sel jusqu'à ce que le mélange ressemble à de la chapelure. Incorporer le fromage, puis incorporer la purée de tomates et suffisamment de lait pour obtenir une pâte molle. Abaisser sur une surface légèrement farinée sur environ 2 cm d'épaisseur et couper en rondelles avec un emporte-pièce. Disposer sur une plaque à pâtisserie non graissée et cuire les biscuits (craquelins) dans un four préchauffé à 200°C/400°F/thermostat 6 pendant 15 minutes jusqu'à ce qu'ils soient dorés.

Bouchées de fromage de chèvre

Donne 30

2 feuilles de pâte filo surgelée (pâte), décongelées

50 g/2 oz/¼ tasse de beurre non salé, fondu

50 g/2 oz/½ tasse de fromage de chèvre, coupé en dés

5 ml/1 cuillère à café d'herbes de Provence

Badigeonner une feuille de pâte filo de beurre fondu, déposer la deuxième feuille dessus et badigeonner de beurre. Coupez en 30 carrés égaux, déposez sur chacun un morceau de fromage et saupoudrez d'herbes. Rassemblez les coins et tournez pour sceller, puis badigeonnez à nouveau de beurre fondu. Placer sur une plaque à pâtisserie graissée et cuire au four préchauffé à 180°C/350°F/thermostat 4 pendant 10 minutes jusqu'à ce qu'ils soient croustillants et dorés.

Rouleaux de jambon et de moutarde

Donne 16

225 g/8 oz de pâte feuilletée

30 ml/2 cuillères à soupe de moutarde française

100 g/4 oz/1 tasse de jambon cuit, haché

Sel et poivre noir fraîchement moulu

Étalez la pâte (pâte) sur environ 5 mm d'épaisseur. Tartiner de moutarde, puis saupoudrer de jambon et assaisonner de sel et de poivre. Roulez la pâte en forme de long boudin, puis coupez-la en tranches de 1 cm et disposez-la sur une plaque à pâtisserie (à biscuits) humidifiée. Cuire au four préchauffé à 220°C/425°F/thermostat 7 pendant environ 10 minutes jusqu'à ce qu'il soit gonflé et doré.

Biscuits au jambon et au poivre

Donne 30

225 g/8 oz/2 tasses de farine nature (tout usage)

15 ml/1 cuillère à soupe de levure chimique

5 ml/1 cuillère à café de thym séché

5 ml/1 cuillère à café de sucre en poudre (superfin)

2,5 ml/½ cuillère à café de gingembre moulu

Une pincée de muscade râpée

Une pincée de bicarbonate de soude (bicarbonate de soude)

Sel et poivre noir fraîchement moulu

50 g/2 oz/¼ tasse de graisse végétale (shortening)

50 g/2 oz/½ tasse de jambon cuit, émincé

30 ml/2 cuillères à soupe de poivron vert finement haché

175 ml/6 fl oz/¾ tasse de babeurre

Mélangez la farine, la levure chimique, le thym, le sucre, le gingembre, la muscade, le bicarbonate de soude, le sel et le poivre. Incorporer la graisse végétale jusqu'à ce que le mélange ressemble à de la chapelure. Incorporer le jambon et le poivre. Ajoutez progressivement le babeurre et mélangez jusqu'à obtenir une pâte molle. Pétrir quelques secondes sur une surface légèrement farinée jusqu'à obtenir une consistance lisse. Abaisser sur 2 cm d'épaisseur et couper en rondelles avec un emporte-pièce. Placer les biscuits, bien espacés, sur une plaque à pâtisserie graissée et cuire au four préchauffé à 220°C/425°F/thermostat 7 pendant 12 minutes jusqu'à ce qu'ils soient gonflés et dorés.

Biscuits simples aux herbes

Cela fait 8

225 g/8 oz/2 tasses de farine nature (tout usage)

15 ml/1 cuillère à soupe de levure chimique

5 ml/1 cuillère à café de sucre en poudre (superfin)

2,5 ml/½ cuillère à café de sel

50 g/2 oz/¼ tasse de beurre ou de margarine

15 ml/1 cuillère à soupe de ciboulette fraîche ciselée

Une pincée de paprika

Poivre noir fraîchement moulu

45 ml/3 cuillères à soupe de lait

45 ml/3 cuillères à soupe d'eau

Mélangez la farine, la levure chimique, le sucre et le sel. Incorporer le beurre ou la margarine jusqu'à ce que le mélange ressemble à de la chapelure. Incorporer la ciboulette, le paprika et le poivre au goût. Incorporer le lait et l'eau et mélanger jusqu'à obtenir une pâte molle. Pétrir sur une surface légèrement farinée jusqu'à consistance lisse, puis étaler jusqu'à 2 cm d'épaisseur et couper en rondelles avec un emporte-pièce. Placer les biscuits (crackers), bien espacés, sur une plaque à pâtisserie graissée et cuire au four préchauffé à 200°C/400°F/thermostat 6 pendant 15 minutes jusqu'à ce qu'ils soient gonflés et dorés.

Biscuits indiens

Pour 4 personnes

100 g/4 oz/1 tasse de farine nature (tout usage)

100 g/4 oz/1 tasse de semoule (crème de blé)

175 g/6 oz/¾ tasse de sucre en poudre (superfin)

75 g/3 oz/¾ tasse de farine de gramme

175 g/6 oz/¾ tasse de ghee

Mélangez tous les ingrédients dans un bol, puis frottez-les avec la paume de vos mains pour former une pâte ferme. Vous aurez peut-être besoin d'un peu plus de ghee si le mélange est trop sec. Façonner en petites boules et presser en forme de biscuit (cracker). Placer sur une plaque à pâtisserie (à biscuits) graissée et tapissée et cuire au four préchauffé à 150°C/ 300°F/thermostat 2 pendant 30 à 40 minutes jusqu'à ce qu'ils soient légèrement dorés. De fines fissures peuvent apparaître pendant la cuisson des biscuits.

Sablés Noisettes et Echalotes

Donne 12

75 g/3 oz/1/3 tasse de beurre ou de margarine, ramollie

175 g/6 oz/1½ tasse de farine complète (blé complet)

10 ml/2 cuillères à café de levure chimique

1 échalote, hachée finement

50 g/2 oz/½ tasse de noisettes hachées

10 ml/2 cuillères à café de paprika

15 ml/1 cuillère à soupe d'eau froide

Frottez le beurre ou la margarine avec la farine et la levure chimique jusqu'à ce que le mélange ressemble à de la chapelure. Incorporer l'échalote, les noisettes et le paprika. Ajouter l'eau froide et presser pour obtenir une pâte. Étalez et pressez dans un moule à rouleau suisse de 30 x 20 cm (moule à gelée) et piquez partout avec une fourchette. Marquez avec les doigts. Cuire au four préchauffé à 200°C/400°F/thermostat 6 pendant 10 minutes jusqu'à ce qu'ils soient dorés.

Biscuits au saumon et à l'aneth

Donne 12

225 g/8 oz/2 tasses de farine nature (tout usage)

5 ml/1 cuillère à café de sucre en poudre (superfin)

2,5 ml/½ cuillère à café de sel

20 ml/4 cuillères à café de levure chimique

100 g/4 oz/½ tasse de beurre ou de margarine, coupés en dés

90 ml/6 cuillères à soupe d'eau

90 ml/6 cuillères à soupe de lait

100 g/4 oz/1 tasse de parures de saumon fumé, coupées en dés

60 ml/4 cuillères à soupe d'aneth frais haché (aneth)

Mélangez la farine, le sucre, le sel et la levure chimique, puis incorporez le beurre ou la margarine jusqu'à ce que le mélange ressemble à de la chapelure. Incorporer progressivement le lait et l'eau et mélanger jusqu'à obtenir une pâte molle. Incorporer le saumon et l'aneth et mélanger jusqu'à consistance lisse. Abaisser jusqu'à 2,5 cm d'épaisseur et couper en rondelles avec un emporte-pièce. Placez les biscuits (craquelins) bien espacés sur une plaque à pâtisserie graissée et faites cuire au four préchauffé à 220°C/425°F/thermostat 7 pendant 15 minutes jusqu'à ce qu'ils soient gonflés et dorés.

Biscuits soda

Donne 12

45 ml/3 cuillères à soupe de saindoux (shortening)

225 g/8 oz/2 tasses de farine nature (tout usage)

5 ml/1 cuillère à café de bicarbonate de soude (bicarbonate de soude)

5 ml/1 cuillère à café de crème de tartre

Une pincée de sel

250 ml/8 fl oz/1 tasse de babeurre

Frottez le saindoux avec la farine, le bicarbonate de soude, la crème de tartre et le sel jusqu'à ce que le mélange ressemble à de la chapelure. Incorporer le lait et mélanger jusqu'à obtenir une pâte molle. Abaisser sur une surface légèrement farinée sur 1 cm d'épaisseur et découper à l'aide d'un emporte-pièce. Placer les biscuits (craquelins) sur une plaque à pâtisserie graissée et cuire au four préchauffé à 230°C/450°F/thermostat 8 pendant 10 minutes jusqu'à ce qu'ils soient dorés.

Roulés aux tomates et au parmesan

Donne 16

225 g/8 oz de pâte feuilletée

30 ml/2 cuillères à soupe de purée de tomates (pâte)

100 g/4 oz/1 tasse de parmesan, râpé

Sel et poivre noir fraîchement moulu

Étalez la pâte (pâte) sur environ 5 mm d'épaisseur. Tartiner de purée de tomates, puis saupoudrer de fromage et assaisonner de sel et de poivre. Roulez la pâte en forme de long boudin, puis coupez-la en tranches de 1 cm et disposez-la sur une plaque à pâtisserie (à biscuits) humidifiée. Cuire au four préchauffé à 220°C/ 425°F/thermostat 7 pendant environ 10 minutes jusqu'à ce qu'il soit gonflé et doré.

Biscuits aux tomates et aux herbes

Donne 12

225 g/8 oz/2 tasses de farine nature (tout usage)

5 ml/1 cuillère à café de sucre en poudre (superfin)

2,5 ml/½ cuillère à café de sel

40 ml/2½ cuillères à soupe de levure chimique

100 g/4 oz/½ tasse de beurre ou de margarine

30 ml/2 cuillères à soupe de lait

30 ml/2 cuillères à soupe d'eau

4 tomates mûres, pelées, épépinées et hachées

45 ml/3 cuillères à soupe de basilic frais haché

Mélangez la farine, le sucre, le sel et la levure chimique. Incorporer le beurre ou la margarine jusqu'à ce que le mélange ressemble à de la chapelure. Incorporer le lait, l'eau, les tomates et le basilic et mélanger jusqu'à obtenir une pâte molle. Pétrissez quelques secondes sur un plan légèrement fariné, puis étalez-le sur 2,5 cm d'épaisseur et coupez-le en rondelles à l'aide d'un emporte-pièce. Placez les biscuits bien espacés sur une plaque à pâtisserie graissée et faites cuire au four préchauffé à 230°C/425°F/thermostat 7 pendant 15 minutes jusqu'à ce qu'ils soient gonflés et dorés.

Pain blanc de base

Donne trois pains de 450 g/1 lb

25 g/1 oz de levure fraîche ou 40 ml/2½ cuillères à soupe de levure sèche

10 ml/2 cuillères à café de sucre

900 ml/1½ pts/3¾ tasses d'eau tiède

25 g/1 oz/2 cuillères à soupe de saindoux (shortening)

1,5 kg/3 lb/12 tasses de farine (à pain) forte

15 ml/1 cuillère à soupe de sel

Mélangez la levure avec le sucre et un peu d'eau tiède et laissez-la dans un endroit chaud pendant 20 minutes jusqu'à ce qu'elle soit mousseuse. Frottez le saindoux avec la farine et le sel, puis incorporez le mélange de levure et suffisamment d'eau restante pour obtenir une pâte ferme qui quitte proprement les parois du bol. Pétrir sur une surface légèrement farinée ou au robot jusqu'à ce qu'il soit élastique et non collant. Placer la pâte dans un bol huilé, couvrir d'un film alimentaire huilé (pellicule plastique) et laisser dans un endroit chaud pendant environ 1 heure jusqu'à ce qu'elle double de volume et élastique au toucher.

Pétrissez à nouveau la pâte jusqu'à ce qu'elle soit ferme, divisez-la en trois et placez-la dans des moules à pain (moules) de 450 g/1 lb graissés ou formez les pains de votre choix. Couvrir et laisser lever dans un endroit tiède pendant environ 40 minutes jusqu'à ce que la pâte atteigne juste le dessus des moules.

Cuire au four préchauffé à 230°C/450°F/thermostat 8 pendant 30 minutes jusqu'à ce que les pains commencent à rétrécir des parois des moules et soient dorés et fermes, et sonnent creux lorsqu'on les tape sur le fond.

Bagels

Donne 12

15 g/½ oz de levure fraîche ou 20 ml/ 4 cuillères à café de levure sèche

5 ml/1 cuillère à café de sucre en poudre (superfin)

300 ml/½ pt/1¼ tasse de lait chaud

50 g/2 oz/¼ tasse de beurre ou de margarine

450 g/1 lb/4 tasses de farine (à pain) forte

Une pincée de sel

1 jaune d'oeuf

30 ml/2 cuillères à soupe de graines de pavot

Mélangez la levure avec le sucre et un peu de lait tiède et laissez reposer 20 minutes dans un endroit tiède jusqu'à ce qu'elle soit mousseuse. Frottez le beurre ou la margarine avec la farine et le sel et faites un puits au centre. Ajouter le mélange de levure, le reste du lait tiède et le jaune d'oeuf et mélanger jusqu'à obtenir une pâte lisse. Pétrir jusqu'à ce que la pâte soit élastique et ne colle plus. Placer dans un bol huilé, couvrir d'un film alimentaire huilé (pellicule plastique) et laisser dans un endroit chaud pendant environ 1 heure jusqu'à ce qu'il double de volume.

Pétrissez légèrement la pâte, puis coupez-la en 12 morceaux. Roulez chacun en une longue bande d'environ 15 cm/6 po de long et tordez-le en un anneau. Placer sur une plaque à pâtisserie graissée, couvrir et laisser lever 15 minutes.

Portez à ébullition une grande casserole d'eau, puis baissez le feu et laissez mijoter. Déposez un anneau dans l'eau frémissante et laissez cuire 3 minutes en le retournant une fois, puis retirez-le et placez-le sur une plaque à pâtisserie (à biscuits). Continuez avec les bagels restants. Saupoudrer les bagels de graines de pavot et cuire au four préchauffé à 230°C/450°F/thermostat 8 pendant 20 minutes jusqu'à ce qu'ils soient dorés.

Baps

Donne 12

25 g/1 oz de levure fraîche ou 40 ml/ 2½ cuillères à soupe de levure sèche

5 ml/1 cuillère à café de sucre en poudre (superfin)

150 ml/¼ pt/2/3 tasse de lait chaud

50 g/2 oz/¼ tasse de saindoux (shortening)

450 g/1 lb/4 tasses de farine (à pain) forte

5 ml/1 cuillère à café de sel

150 ml/¼ pt/2/3 tasse d'eau tiède

Mélangez la levure avec le sucre et un peu de lait tiède et laissez reposer 20 minutes dans un endroit tiède jusqu'à ce qu'elle soit mousseuse. Frottez le saindoux dans la farine, puis incorporez le sel et faites un puits au centre. Ajouter le mélange de levure, le reste du lait et l'eau et mélanger jusqu'à obtenir une pâte molle. Pétrir jusqu'à ce qu'il soit élastique et ne colle plus. Placer dans un bol huilé et couvrir d'un film alimentaire huilé (pellicule plastique). Laisser dans un endroit tiède pendant environ 1 heure jusqu'à ce qu'elle double de volume.

Façonnez la pâte en 12 rouleaux plats et disposez-les sur une plaque à pâtisserie graissée (à biscuits). Laisser lever 15 minutes. Cuire au four préchauffé à 230°C/ 450°F/thermostat 8 pendant 15 à 20 minutes jusqu'à ce qu'ils soient bien levés et dorés.

Pain d'orge crémeux

Donne un pain de 900 g/2 lb

15 g/½ oz de levure fraîche ou 20 ml/4 cuillère à café de levure sèche

Une pincée de sucre

350 ml/12 fl oz/1½ tasse d'eau tiède

400 g/14 oz/3½ tasses de farine (à pain) forte

175 g/6 oz/1½ tasse de farine d'orge

Une pincée de sel

45 ml/3 cuillères à soupe de crème simple (légère)

Mélangez la levure avec le sucre et un peu d'eau tiède et laissez-la dans un endroit chaud pendant 20 minutes jusqu'à ce qu'elle soit mousseuse. Mélangez les farines et le sel dans un bol, ajoutez le mélange de levure, la crème et le reste de l'eau et mélangez jusqu'à obtenir une pâte ferme. Pétrir jusqu'à consistance lisse et non collante. Placer dans un bol huilé, couvrir d'un film alimentaire huilé (pellicule plastique) et laisser dans un endroit chaud pendant environ 1 heure jusqu'à ce qu'il double de volume.

Pétrir à nouveau légèrement, puis façonner un moule à pain graissé de 900 g (moule), couvrir et laisser dans un endroit chaud pendant 40 minutes jusqu'à ce que la pâte dépasse le dessus du moule.

Cuire au four préchauffé à 220°C/425°F/thermostat 7 pendant 10 minutes, puis réduire la température du four à 190°C/375°F/thermostat 5 et cuire encore 25 minutes jusqu'à ce qu'ils soient dorés et creux. -sonne lorsqu'on tape sur la base.

Pain à la bière

Donne un pain de 900 g/2 lb

450 g/1 lb/4 tasses de farine autolevante (autolevante)

5 ml/1 cuillère à café de sel

350 ml/12 fl oz/1½ tasse de bière blonde

Mélangez les ingrédients pour obtenir une pâte lisse. Façonner dans un moule à cake de 900 g beurré, couvrir et laisser lever 20 minutes dans un endroit tiède. Cuire au four préchauffé à 190°C/375°F/thermostat 5 pendant 45 minutes jusqu'à ce qu'ils soient dorés et sonnent creux lorsqu'on les tape sur la base.

Pain brun Boston

Donne trois pains de 450 g/1 lb

100 g/4 oz/1 tasse de farine de seigle

100 g/4 oz/1 tasse de semoule de maïs

100 g/4 oz/1 tasse de farine complète (blé complet)

5 ml/1 cuillère à café de bicarbonate de soude (bicarbonate de soude)

5 ml/1 cuillère à café de sel

250 g/9 oz/¾ tasse de mélasse noire (mélasse)

500 ml/16 fl oz/2 tasses de babeurre

175 g/6 oz/1 tasse de raisins secs

Mélangez les ingrédients secs, puis incorporez la mélasse, le babeurre et les raisins secs et mélangez jusqu'à obtenir une pâte molle. Verser le mélange dans trois bassines à pudding graissées de 450 g/1 lb, couvrir de papier sulfurisé (ciré) et de papier d'aluminium et attacher avec de la ficelle pour sceller le dessus. Placer dans une grande casserole et remplir de suffisamment d'eau chaude pour atteindre la moitié des parois des bols. Portez l'eau à ébullition, couvrez la casserole et laissez mijoter pendant 2h30 en complétant si nécessaire avec de l'eau bouillante. Retirez les bols de la poêle et laissez-les refroidir légèrement. Servir chaud avec du beurre.

Pots de fleurs de son

Donne 3

25 g/1 oz de levure fraîche ou 40 ml/ 2½ cuillères à soupe de levure sèche

5 ml/1 cuillère à café de sucre

600 ml/1 pt/2½ tasses d'eau tiède

675 g/1½ lb/6 tasses de farine complète (blé complet)

25 g/1 oz/¼ tasse de farine de soja

5 ml/1 cuillère à café de sel

50 g/2 oz/1 tasse de son

Lait pour glacer

45 ml/3 cuillères à soupe de blé concassé

Vous aurez besoin de trois pots de fleurs en argile propres et neufs de 13 cm/5 po. Beurrez-les bien et faites cuire à four chaud pendant 30 minutes pour éviter qu'ils ne craquent.

Mélangez la levure avec le sucre et un peu d'eau tiède et laissez reposer jusqu'à ce qu'elle soit mousseuse. Mélangez les farines, le sel et le son et faites un puits au centre. Incorporer le mélange d'eau tiède et de levure et pétrir jusqu'à obtenir une pâte ferme. Démouler sur une surface farinée et pétrir pendant environ 10 minutes jusqu'à obtenir une consistance lisse et élastique. Alternativement, vous pouvez le faire dans un robot culinaire. Placer la pâte dans un bol propre, couvrir d'un film alimentaire huilé (pellicule plastique) et laisser lever dans un endroit chaud pendant environ 1 heure jusqu'à ce qu'elle double de volume.

Démoulez sur un plan fariné et pétrissez à nouveau pendant 10 minutes. Façonner dans les trois pots de fleurs graissés, couvrir et laisser lever 45 minutes jusqu'à ce que la pâte dépasse le dessus des pots.

Badigeonner la pâte de lait et saupoudrer de blé concassé. Cuire au four préchauffé à 230°C/450°F/thermostat 8 pendant 15 minutes.

Réduisez la température du four à 200°C/400°F/thermostat 6 et faites cuire encore 30 minutes jusqu'à ce qu'ils soient bien levés et fermes. Démoulez et laissez refroidir.

Petits pains beurrés

Donne 12

450 g/1 lb de pâte à pain blanche de base

100 g/4 oz/½ tasse de beurre ou de margarine, coupés en dés

Préparez la pâte à pain et laissez-la lever jusqu'à ce qu'elle double de volume et soit élastique au toucher.

Pétrir à nouveau la pâte et incorporer le beurre ou la margarine. Formez 12 rouleaux et placez-les bien espacés sur une plaque à pâtisserie graissée. Couvrir d'un film alimentaire huilé (pellicule plastique) et laisser lever dans un endroit chaud pendant environ 1 heure jusqu'à ce qu'il double de volume.

Cuire au four préchauffé à 230°C/450°F/thermostat 8 pendant 20 minutes jusqu'à ce qu'ils soient dorés et sonnent creux lorsqu'on les tape sur la base.

Pain au babeurre

Donne un pain de 675 g/1½ lb

450 g/1 lb/4 tasses de farine nature (tout usage)

5 ml/1 cuillère à café de crème de tartre

5 ml/1 cuillère à café de bicarbonate de soude (bicarbonate de soude)

250 ml/8 fl oz/1 tasse de babeurre

Mélangez la farine, la crème de tartre et le bicarbonate de soude dans un bol et faites un puits au centre. Incorporer suffisamment de babeurre pour obtenir une pâte molle. Formez un rond et placez-le sur une plaque à pâtisserie graissée (à biscuits). Cuire au four préchauffé à 220°C/425°F/thermostat 7 pendant 20 minutes jusqu'à ce qu'ils soient bien levés et dorés.

Pain de maïs canadien

Donne un pain de 23 cm/9 po

150 g/5 oz/1¼ tasse de farine nature (tout usage)

75 g/3 oz/¾ tasse de semoule de maïs

15 ml/1 cuillère à soupe de levure chimique

2,5 ml/½ cuillère à café de sel

100 g/4 oz/1/3 tasse de sirop d'érable

100 g/4 oz/½ tasse de saindoux (shortening), fondu

2 oeufs, battus

Mélanger les ingrédients secs, puis incorporer le sirop, le saindoux et les œufs et remuer jusqu'à ce que le tout soit bien mélangé. Verser dans un moule à pâtisserie (moule) graissé de 23 cm/9 po et cuire au four préchauffé à 220°C/425°F/thermostat 7 pendant 25 minutes jusqu'à ce qu'il soit bien levé et doré, et commence à rétrécir des côtés. de l'étain.

Rouleaux de Cornouailles

Donne 12

25 g/1 oz de levure fraîche ou 40 ml/2½ cuillères à soupe de levure sèche

15 ml/1 cuillère à soupe de sucre en poudre (superfin)

300 ml/½ pt/1¼ tasse de lait chaud

50 g/2 oz/¼ tasse de beurre ou de margarine

450 g/1 lb/4 tasses de farine (à pain) forte

Une pincée de sel

Mélangez la levure avec le sucre et un peu de lait tiède et laissez reposer 20 minutes dans un endroit tiède jusqu'à ce qu'elle soit mousseuse. Frottez le beurre ou la margarine avec la farine et le sel et faites un puits au centre. Ajouter le mélange de levure et le reste du lait et mélanger jusqu'à obtenir une pâte molle. Pétrir jusqu'à ce qu'il soit élastique et ne colle plus. Placer dans un bol huilé et couvrir d'un film alimentaire huilé (pellicule plastique). Laisser dans un endroit tiède pendant environ 1 heure jusqu'à ce qu'elle double de volume.

Façonnez la pâte en 12 rouleaux plats et disposez-les sur une plaque à pâtisserie graissée (à biscuits). Couvrir d'un film alimentaire huilé et laisser lever 15 minutes.

Cuire au four préchauffé à 230°C/ 450°F/thermostat 8 pendant 15 à 20 minutes jusqu'à ce qu'ils soient bien levés et dorés.

Pain Plat De Campagne

Donne six petits pains

10 ml/2 cuillères à café de levure sèche

15 ml/1 cuillère à soupe de miel clair

120 ml/4 fl oz/½ tasse d'eau tiède

350 g/12 oz/3 tasses de farine (à pain) forte

5 ml/1 cuillère à café de sel

50 g/2 oz/¼ tasse de beurre ou de margarine

5 ml/1 cuillère à café de graines de carvi

5 ml/1 cuillère à café de coriandre moulue

5 ml/1 cuillère à café de cardamome moulue

120 ml/4 fl oz/½ tasse de lait chaud

60 ml/4 cuillères à soupe de graines de sésame

Mélangez la levure et le miel avec 45 ml/3 cuillères à soupe d'eau tiède et 15 ml/1 cuillère à soupe de farine et laissez reposer environ 20 minutes dans un endroit chaud jusqu'à ce que le mélange soit mousseux. Mélangez le reste de la farine avec le sel, puis incorporez le beurre ou la margarine et incorporez les graines de carvi, la coriandre et la cardamome et faites un puits au centre. Incorporer le mélange de levure, le reste de l'eau et suffisamment de lait pour obtenir une pâte lisse. Bien pétrir jusqu'à ce qu'il soit ferme et ne colle plus. Placer dans un bol huilé, couvrir d'un film alimentaire huilé (pellicule plastique) et laisser dans un endroit chaud pendant environ 30 minutes jusqu'à ce qu'il double de volume.

Pétrir à nouveau la pâte, puis façonner des galettes. Placer sur une plaque à pâtisserie graissée et badigeonner de lait. Saupoudrer de graines de sésame. Couvrir d'un film alimentaire huilé et laisser lever 15 minutes.

Cuire au four préchauffé à 200°C/ 400°F/thermostat 6 pendant 30 minutes jusqu'à ce qu'ils soient dorés.

Tresse de graines de pavot champêtre

Donne un pain de 450 g/1 lb

275 g/10 oz/2½ tasses de farine nature (tout usage)

25 g/1 oz/2 cuillères à soupe de sucre en poudre (superfin)

5 ml/1 cuillère à café de sel

10 ml/2 cuillères à café de levure sèche facile à mélanger

175 ml/6 fl oz/¾ tasse de lait

25 g/1 oz/2 cuillères à soupe de beurre ou de margarine

1 oeuf

Un peu de lait ou de blanc d'oeuf pour le glaçage

30 ml/2 cuillères à soupe de graines de pavot

Mélangez la farine, le sucre, le sel et la levure. Faites chauffer le lait avec le beurre ou la margarine, puis mélangez-le à la farine avec l'œuf et pétrissez jusqu'à obtenir une pâte ferme. Pétrir jusqu'à ce qu'il soit élastique et ne colle plus. Placer dans un bol huilé, couvrir d'un film alimentaire huilé (pellicule plastique) et laisser dans un endroit chaud pendant environ 1 heure jusqu'à ce qu'il double de volume.

Pétrir à nouveau et façonner trois formes de boudin d'environ 20 cm de long. Humidifiez une extrémité de chaque bande et pressez-les ensemble, puis tressez les bandes ensemble, humidifiez et scellez les extrémités. Placer sur une plaque à pâtisserie graissée, couvrir d'un film alimentaire huilé et laisser lever environ 40 minutes jusqu'à ce qu'elle double de volume.

Badigeonner de lait ou de blanc d'œuf et saupoudrer de graines de pavot. Cuire au four préchauffé à 190°C/375°F/thermostat 5 pendant environ 45 minutes jusqu'à ce qu'ils soient dorés.

Pain Complet de Campagne

Donne deux pains de 450 g/1 lb

20 ml/4 cuillères à café de levure sèche

5 ml/1 cuillère à café de sucre en poudre (superfin)

600 ml/1 pt/2½ tasses d'eau tiède

25 g/1 oz/2 cuillères à soupe de graisse végétale (shortening)

800 g/1¾ lb/7 tasses de farine complète (blé complet)

10 ml/2 cuillères à café de sel

10 ml/2 cuillères à café d'extrait de malt

1 œuf battu

25 g/1 oz/¼ tasse de blé concassé

Mélangez la levure avec le sucre et un peu d'eau tiède et laissez reposer environ 20 minutes jusqu'à ce qu'elle soit mousseuse. Frottez la graisse avec la farine, le sel et l'extrait de malt et faites un puits au centre. Incorporer le mélange de levure et le reste de l'eau tiède et mélanger jusqu'à obtenir une pâte molle. Bien pétrir jusqu'à ce qu'il soit élastique et ne colle plus. Placer dans un bol huilé, couvrir d'un film alimentaire huilé (pellicule plastique) et laisser dans un endroit chaud pendant environ 1 heure jusqu'à ce qu'il double de volume.

Pétrir à nouveau la pâte et façonner deux moules à pain (moules) graissés de 450 g/1 lb. Laisser lever dans un endroit tiède pendant environ 40 minutes jusqu'à ce que la pâte dépasse légèrement du dessus des moules.

Badigeonner généreusement le dessus des pains d'œuf et saupoudrer de blé concassé. Cuire au four préchauffé à 230°C/450°F/thermostat 8 pendant environ 30 minutes jusqu'à ce qu'ils soient dorés et sonnent creux lorsqu'on les tape sur la base.

Tresses au curry

Donne deux pains de 450 g/1 lb

120 ml/4 fl oz/½ tasse d'eau tiède

30 ml/2 cuillères à soupe de levure sèche

225 g/8 oz/2/3 tasse de miel clair

25 g/1 oz/2 cuillères à soupe de beurre ou de margarine

30 ml/2 cuillères à soupe de curry en poudre

675 g/1½ lb/6 tasses de farine nature (tout usage)

10 ml/2 cuillères à café de sel

450 ml/¾ pt/2 tasses de babeurre

1 oeuf

10 ml/2 cuillères à café d'eau

45 ml/3 cuillères à soupe d'amandes effilées (effilées)

Mélangez l'eau avec la levure et 5 ml/1 cuillère à café de miel et laissez reposer 20 minutes jusqu'à ce que le mélange soit mousseux. Faire fondre le beurre ou la margarine, puis incorporer la poudre de curry et laisser cuire à feu doux pendant 1 minute. Incorporer le reste du miel et retirer du feu. Mettez la moitié de la farine et le sel dans un bol et faites un puits au centre. Ajoutez le mélange de levure, le mélange de miel et le babeurre et ajoutez progressivement le reste de la farine au fur et à mesure que vous mélangez jusqu'à obtenir une pâte molle. Pétrir jusqu'à consistance lisse et élastique. Placer dans un bol huilé, couvrir d'un film alimentaire huilé et laisser dans un endroit chaud pendant environ 1 heure jusqu'à ce qu'il double de volume.

Pétrissez à nouveau et divisez la pâte en deux. Coupez chaque morceau en trois et roulez-le en boudins de 20 cm/8. Humidifiez une extrémité de chaque bande et pressez ensemble en deux lots de trois pour sceller. Tressez les deux jeux de bandes et scellez les extrémités. Placer sur une plaque à pâtisserie graissée, couvrir d'un film alimentaire huilé (pellicule plastique) et laisser lever environ 40 minutes jusqu'à ce qu'il double de volume.

Battez l'œuf avec l'eau et badigeonnez les pains, puis saupoudrez d'amandes. Cuire au four préchauffé à 190°C/375°F/thermostat 5 pendant 40 minutes jusqu'à ce qu'ils soient dorés et sonnent creux lorsqu'on les tape sur la base.

Devon se divise

Donne 12

25 g/1 oz de levure fraîche ou 40 ml/ 2½ cuillères à soupe de levure sèche

5 ml/1 cuillère à café de sucre en poudre (superfin)

150 ml/¼ pt/2/3 tasse de lait chaud

50 g/2 oz/¼ tasse de beurre ou de margarine

450 g/1 lb/4 tasses de farine (à pain) forte

150 ml/¼ pt/2/3 tasse d'eau tiède

Mélangez la levure avec le sucre et un peu de lait tiède et laissez reposer 20 minutes dans un endroit tiède jusqu'à ce qu'elle soit mousseuse. Frotter le beurre ou la margarine dans la farine et faire un puits au centre. Ajouter le mélange de levure, le reste du lait et l'eau et mélanger jusqu'à obtenir une pâte molle. Pétrir jusqu'à ce qu'il soit élastique et ne colle plus. Placer dans un bol huilé et couvrir d'un film alimentaire huilé (pellicule plastique). Laisser dans un endroit tiède pendant environ 1 heure jusqu'à ce qu'elle double de volume.

Façonnez la pâte en 12 rouleaux plats et disposez-les sur une plaque à pâtisserie graissée (à biscuits). Laisser lever 15 minutes.

Cuire au four préchauffé à 230°C/ 450°F/thermostat 8 pendant 15 à 20 minutes jusqu'à ce qu'ils soient bien levés et dorés.

Pain Aux Germes De Blé Aux Fruits

Donne un pain de 900 g/2 lb

225 g/8 oz/2 tasses de farine nature (tout usage)

5 ml/1 cuillère à café de sel

5 ml/1 cuillère à café de bicarbonate de soude (bicarbonate de soude)

5 ml/1 cuillère à café de levure chimique

175 g/6 oz/1½ tasse de germe de blé

100 g/4 oz/1 tasse de semoule de maïs

100 g/4 oz/1 tasse de flocons d'avoine

350 g/12 oz/2 tasses de raisins secs (raisins dorés)

1 œuf légèrement battu

250 ml/8 fl oz/1 tasse de yaourt nature

150 ml/¼ pt/2/3 tasse de mélasse noire (mélasse)

60 ml/4 cuillères à soupe de sirop doré (maïs léger)

30 ml/2 cuillères à soupe d'huile

Mélangez les ingrédients secs et les raisins secs et faites un puits au centre. Mélangez l'œuf, le yaourt, la mélasse, le sirop et l'huile, puis incorporez les ingrédients secs et mélangez jusqu'à obtenir une pâte molle. Façonner dans un moule à pain graissé de 900 g/2 lb (moule) et cuire au four préchauffé à 180°C/350°F/thermostat 4 pendant 1 heure jusqu'à ce qu'il soit ferme au toucher. Laisser refroidir dans le moule 10 minutes avant de démouler sur une grille pour terminer le refroidissement.

Tresses de lait fruitées

Donne deux pains de 450 g/1 lb

15 g/½ oz de levure fraîche ou 20 ml/ 4 cuillères à café de levure sèche

5 ml/1 cuillère à café de sucre en poudre (superfin)

450 ml/¾ pt/2 tasses de lait chaud

50 g/2 oz/¼ tasse de beurre ou de margarine

675 g/1½ lb/6 tasses de farine nature (tout usage)

Une pincée de sel

100 g/4 oz/2/3 tasse de raisins secs

25 g/1 oz/3 cuillères à soupe de groseilles

25 g/1 oz/3 cuillères à soupe de zestes mélangés (confits) hachés

Lait pour le glaçage

Mélangez la levure avec le sucre et un peu de lait tiède. Laisser reposer dans un endroit chaud pendant environ 20 minutes jusqu'à ce qu'il soit mousseux. Frottez le beurre ou la margarine avec la farine et le sel, incorporez les raisins secs, les groseilles et le mélange de zestes et faites un puits au centre. Incorporer le reste du lait tiède et le mélange de levure et pétrir jusqu'à obtenir une pâte molle mais non collante. Placer dans un bol huilé et couvrir d'un film alimentaire huilé (pellicule plastique). Laisser dans un endroit tiède pendant environ 1 heure jusqu'à ce qu'elle double de volume.

Pétrissez à nouveau légèrement, puis divisez en deux. Divisez chaque moitié en trois et roulez en forme de saucisse. Humidifiez une extrémité de chaque rouleau et pressez-en doucement trois ensemble, puis tressez la pâte, humidifiez et scellez les extrémités. Répétez avec l'autre tresse de pâte. Placer sur une plaque à pâtisserie graissée, couvrir d'un film alimentaire huilé (pellicule plastique) et laisser lever environ 15 minutes.

Badigeonner d'un peu de lait, puis cuire au four préchauffé à 200°C/400°F/thermostat 6 pendant 30 minutes jusqu'à ce qu'ils soient dorés et sonnent creux lorsqu'on les tape sur la base.

Pain de grenier

Donne deux pains de 900 g/2 lb

25 g/1 oz de levure fraîche ou 40 ml/ 2½ cuillères à soupe de levure sèche

5 ml/1 cuillère à café de miel

450 ml/¾ pt/2 tasses d'eau tiède

350 g/12 oz/3 tasses de farine de grenier

350 g/12 oz/3 tasses de farine complète (blé complet)

15 ml/1 cuillère à soupe de sel

15 g/½ oz/1 cuillère à soupe de beurre ou de margarine

Mélangez la levure avec le miel et un peu d'eau tiède et laissez-la dans un endroit chaud pendant environ 20 minutes jusqu'à ce qu'elle soit mousseuse. Mélangez les farines et le sel et incorporez le beurre ou la margarine. Incorporer le mélange de levure et suffisamment d'eau tiède pour obtenir une pâte lisse. Pétrir sur une surface légèrement farinée jusqu'à consistance lisse et non collante. Placer dans un bol huilé, couvrir d'un film alimentaire huilé (pellicule plastique) et laisser dans un endroit chaud pendant environ 1 heure jusqu'à ce qu'il double de volume.

Pétrir à nouveau et façonner deux moules à pain (moules) graissés de 900 g/2 lb. Couvrir d'un film alimentaire huilé et laisser lever jusqu'à ce que la pâte atteigne le haut des moules.

Cuire au four préchauffé à 220°C/425°F/thermostat 7 pendant 25 minutes jusqu'à ce qu'ils soient dorés et sonnent creux lorsqu'on les tape sur la base.

Rouleaux de grenier

Donne 12

15 g/½ oz de levure fraîche ou 20 ml/ 2½ cuillères à soupe de levure sèche

5 ml/1 cuillère à café de sucre en poudre (superfin)

300 ml/½ pt/1¼ tasse d'eau tiède

450 g/1 lb/4 tasses de farine de grenier

5 ml/1 cuillère à café de sel

5 ml/1 cuillère à soupe d'extrait de malt

30 ml/2 cuillères à soupe de blé concassé

Mélangez la levure avec le sucre et un peu d'eau tiède et laissez dans un endroit chaud jusqu'à ce qu'elle soit mousseuse. Mélangez la farine et le sel, puis incorporez le mélange de levure, le reste d'eau tiède et l'extrait de malt. Pétrir sur une surface légèrement farinée jusqu'à consistance lisse et élastique. Placer dans un bol huilé, couvrir d'un film alimentaire huilé (pellicule plastique) et laisser dans un endroit chaud pendant environ 1 heure jusqu'à ce qu'il double de volume.

Pétrir légèrement, puis façonner des rouleaux et les déposer sur une plaque à pâtisserie graissée (à biscuits). Badigeonner d'eau et saupoudrer de blé concassé. Couvrir d'un film alimentaire huilé et laisser dans un endroit chaud pendant environ 40 minutes jusqu'à ce qu'il double de volume.

Cuire au four préchauffé à 220°C/425°F/thermostat 7 pendant 10 à 15 minutes jusqu'à ce qu'il sonne creux lorsqu'on tape sur la base.

Pain de Grenier aux Noisettes

Donne un pain de 900 g/2 lb

15 g/½ oz de levure fraîche ou 20 ml/ 4 cuillères à café de levure sèche

5 ml/1 cuillère à café de cassonade molle

450 ml/¾ pt/2 tasses d'eau tiède

450 g/1 lb/4 tasses de farine de grenier

175 g/6 oz/1½ tasse de farine (à pain) forte

5 ml/1 cuillère à café de sel

15 ml/1 cuillère à soupe d'huile d'olive

100 g/4 oz/1 tasse de noisettes, hachées grossièrement

Mélangez la levure avec le sucre et un peu d'eau tiède et laissez-la dans un endroit chaud pendant 20 minutes jusqu'à ce qu'elle soit mousseuse. Mélangez les farines et le sel dans un bol, ajoutez le mélange de levure, l'huile et le reste d'eau tiède et mélangez jusqu'à obtenir une pâte ferme. Pétrir jusqu'à consistance lisse et non collante. Placer dans un bol huilé, couvrir d'un film alimentaire huilé (pellicule plastique) et laisser dans un endroit chaud pendant environ 1 heure jusqu'à ce qu'il double de volume.

Pétrissez à nouveau légèrement et incorporez les noix, puis façonnez un moule à cake de 900 g graissé, couvrez d'un film alimentaire huilé et laissez reposer 30 minutes dans un endroit tiède jusqu'à ce que la pâte dépasse le dessus du moule.

Cuire au four préchauffé à 220°C/425°F/thermostat 7 pendant 30 minutes jusqu'à ce qu'ils soient dorés et sonnent creux lorsqu'on les tape sur la base.

Grissini

Donne 12

25 g/1 oz de levure fraîche ou 40 ml/ 2½ cuillères à soupe de levure sèche

15 ml/1 cuillère à soupe de sucre en poudre (superfin)

120 ml/4 fl oz/½ tasse de lait chaud

25 g/1 oz/2 cuillères à soupe de beurre ou de margarine

450 g/1 lb/4 tasses de farine (à pain) forte

10 ml/2 cuillères à café de sel

Mélangez la levure avec 5 ml/1 cuillère à café de sucre et un peu de lait tiède et laissez reposer 20 minutes dans un endroit chaud jusqu'à ce qu'elle soit mousseuse. Faire fondre le beurre et le reste du sucre dans le reste du lait tiède. Mettez la farine et le sel dans un bol et faites un puits au centre. Versez le mélange de levure et de lait et mélangez pour obtenir une pâte humide. Pétrir jusqu'à consistance lisse. Placer dans un bol huilé, couvrir d'un film alimentaire huilé (pellicule plastique) et laisser dans un endroit chaud pendant environ 1 heure jusqu'à ce qu'il double de volume.

Pétrissez légèrement, puis divisez en 12 et étalez-les en bâtonnets longs et fins et placez-les, bien espacés, sur une plaque à pâtisserie graissée. Couvrir d'un film alimentaire huilé et laisser lever dans un endroit tiède pendant 20 minutes.

Badigeonner les gressins d'eau, puis enfourner dans un four préchauffé à 220°C/425°F/thermostat 7 pendant 10 minutes, puis baisser la température du four à 180°C/350°F/thermostat 4 et enfourner pendant une encore 20 minutes jusqu'à ce qu'ils soient croustillants.

Tresse de récolte

Donne un pain de 550 g/1¼ lb

25 g/1 oz de levure fraîche ou 40 ml/ 2½ cuillères à soupe de levure sèche

25 g/1 oz/2 cuillères à soupe de sucre en poudre (superfin)

150 ml/¼ pt/2/3 tasse de lait chaud

50 g/2 oz/¼ tasse de beurre ou de margarine, fondu

1 œuf battu

450 g/1 lb/4 tasses de farine nature (tout usage)

Une pincée de sel

30 ml/2 cuillères à soupe de groseilles

2,5 ml/½ cuillère à café de cannelle moulue

5 ml/1 cuillère à café de zeste de citron râpé

Lait pour le glaçage

Mélangez la levure avec 2,5 ml/½ cuillère à café de sucre et un peu de lait tiède et laissez reposer dans un endroit chaud pendant environ 20 minutes jusqu'à ce qu'elle soit mousseuse. Mélangez le reste du lait avec le beurre ou la margarine et laissez refroidir légèrement. Incorporer l'œuf. Mettez le reste des ingrédients dans un bol et faites un puits au centre. Incorporer les mélanges de lait et de levure et mélanger jusqu'à obtenir une pâte molle. Pétrir jusqu'à ce qu'il soit élastique et ne colle plus. Placer dans un bol huilé et couvrir d'un film alimentaire huilé (pellicule plastique). Laisser dans un endroit tiède pendant environ 1 heure jusqu'à ce qu'elle double de volume.

Divisez la pâte en trois et roulez-la en bandes. Humidifiez une extrémité de chaque bande et scellez les extrémités ensemble, puis tressez-les ensemble et humidifiez et fixez les autres extrémités. Placer sur une plaque à pâtisserie graissée, couvrir d'un film alimentaire huilé et laisser dans un endroit chaud pendant 15 minutes.

Badigeonner d'un peu de lait et cuire au four préchauffé à 220°C/425°F/thermostat 7 pendant 15 à 20 minutes jusqu'à ce qu'ils soient dorés et sonnent creux lorsqu'on les tape sur la base.

Pain Au Lait

Donne deux pains de 450 g/1 lb

15 g/½ oz de levure fraîche ou 20 ml/ 4 cuillères à café de levure sèche

5 ml/1 cuillère à café de sucre en poudre (superfin)

450 ml/¾ pt/2 tasses de lait chaud

50 g/2 oz/¼ tasse de beurre ou de margarine

675 g/1½ lb/6 tasses de farine nature (tout usage)

Une pincée de sel

Lait pour le glaçage

Mélangez la levure avec le sucre et un peu de lait tiède. Laisser reposer dans un endroit chaud pendant environ 20 minutes jusqu'à ce qu'il soit mousseux. Frottez le beurre ou la margarine avec la farine et le sel et faites un puits au centre. Incorporer le reste du lait tiède et le mélange de levure et pétrir jusqu'à obtenir une pâte molle mais non collante. Placer dans un bol huilé et couvrir d'un film alimentaire huilé (pellicule plastique). Laisser dans un endroit tiède pendant environ 1 heure jusqu'à ce qu'elle double de volume.

Pétrissez à nouveau légèrement, puis répartissez le mélange dans deux moules à pain de 450 g graissés, couvrez d'un film alimentaire huilé et laissez lever environ 15 minutes jusqu'à ce que la pâte dépasse juste le dessus des moules.

Badigeonner d'un peu de lait, puis cuire au four préchauffé à 200°C/400°F/thermostat 6 pendant 30 minutes jusqu'à ce qu'ils soient dorés et sonnent creux lorsqu'on les tape sur la base.

Pain aux Fruits au Lait

Donne deux pains de 450 g/1 lb

15 g/½ oz de levure fraîche ou 20 ml/ 4 cuillères à café de levure sèche

5 ml/1 cuillère à café de sucre en poudre (superfin)

450 ml/¾ pt/2 tasses de lait chaud

50 g/2 oz/¼ tasse de beurre ou de margarine

675 g/1½ lb/6 tasses de farine nature (tout usage)

Une pincée de sel

100 g/4 oz/2/3 tasse de raisins secs

Lait pour le glaçage

Mélangez la levure avec le sucre et un peu de lait tiède. Laisser reposer dans un endroit chaud pendant environ 20 minutes jusqu'à ce qu'il soit mousseux. Frottez le beurre ou la margarine avec la farine et le sel, incorporez les raisins secs et faites un puits au centre. Incorporer le reste du lait tiède et le mélange de levure et pétrir jusqu'à obtenir une pâte molle mais non collante. Placer dans un bol huilé et couvrir d'un film alimentaire huilé (pellicule plastique). Laisser dans un endroit tiède pendant environ 1 heure jusqu'à ce qu'elle double de volume.

Pétrissez à nouveau légèrement, puis répartissez le mélange dans deux moules à pain de 450 g graissés, couvrez d'un film alimentaire huilé et laissez lever environ 15 minutes jusqu'à ce que la pâte dépasse juste le dessus des moules.

Badigeonner d'un peu de lait, puis cuire au four préchauffé à 200°C/400°F/thermostat 6 pendant 30 minutes jusqu'à ce qu'ils soient dorés et sonnent creux lorsqu'on les tape sur la base.

Pain de gloire du matin

Donne deux pains de 450 g/1 lb

100 g/4 oz/1 tasse de grains de blé entier

15 ml/1 cuillère à soupe d'extrait de malt

450 ml/¾ pt/2 tasses d'eau tiède

25 g/1 oz de levure fraîche ou 40 ml/ 2½ cuillères à soupe de levure sèche

30 ml/2 cuillères à soupe de miel clair

25 g/1 oz/2 cuillères à soupe de graisse végétale (shortening)

675 g/1½ lb/6 tasses de farine complète (blé complet)

25 g/1 oz/¼ tasse de lait en poudre (lait en poudre écrémé)

5 ml/1 cuillère à café de sel

Faites tremper les grains de blé entier et l'extrait de malt dans l'eau tiède pendant la nuit.

Mélangez la levure avec un peu plus d'eau tiède et 5 ml/1 cuillère à café de miel. Laisser dans un endroit chaud pendant environ 20 minutes jusqu'à ce qu'il soit mousseux. Frottez la graisse avec la farine, le lait en poudre et le sel et faites un puits au centre. Incorporer le mélange de levure, le reste du miel et le mélange de blé et mélanger jusqu'à obtenir une pâte. Bien pétrir jusqu'à consistance lisse et non collante. Placer dans un bol huilé, couvrir d'un film alimentaire huilé (pellicule plastique) et laisser dans un endroit chaud pendant environ 1 heure jusqu'à ce qu'il double de volume.

Pétrir à nouveau la pâte, puis façonner deux moules à pain (moules) graissés de 450 g/1 lb. Couvrir d'un film alimentaire huilé et laisser dans un endroit chaud pendant 40 minutes jusqu'à ce que la pâte atteigne juste le dessus des moules.

Cuire au four préchauffé à 200°C/425°F/thermostat 7 pendant environ 25 minutes jusqu'à ce qu'il soit bien levé et qu'il sonne creux lorsqu'on tapote sur la base.

Pain Muffin

Donne deux pains de 900 g/2 lb

300 g/10 oz/2½ tasses de farine complète (blé complet)

300 g/10 oz/2½ tasses de farine nature (tout usage)

40 ml/2½ cuillères à soupe de levure sèche

15 ml/1 cuillère à soupe de sucre en poudre (superfin)

10 ml/2 cuillères à café de sel

500 ml/17 fl oz/2¼ tasses de lait tiède

2,5 ml/½ cuillère à café de bicarbonate de soude (bicarbonate de soude)

15 ml/1 cuillère à soupe d'eau tiède

Mélangez les farines ensemble. Mesurez 350 g/12 oz/3 tasses de farines mélangées dans un bol et mélangez la levure, le sucre et le sel. Incorporer le lait et battre jusqu'à obtenir un mélange ferme. Mélangez le bicarbonate de soude et l'eau et incorporez-les à la pâte avec le reste de la farine. Répartissez le mélange dans deux moules à pain graissés de 900 g, couvrez et laissez lever environ 1 heure jusqu'à ce qu'il double de volume.

Cuire au four préchauffé à 190°C/ 375°F/thermostat 5 pendant 1¼ heure jusqu'à ce qu'il soit bien levé et doré.

Pain sans levée

Donne un pain de 900 g/2 lb

450 g/1 lb/4 tasses de farine complète (blé complet)

175 g/6 oz/1½ tasse de farine autolevante (autolevante)

5 ml/1 cuillère à café de sel

30 ml/2 cuillères à soupe de sucre en poudre (superfin)

450 ml/¾ pt/2 tasses de lait

20 ml/4 cuillères à café de vinaigre

30 ml/2 cuillères à soupe d'huile

5 ml/1 cuillère à café de bicarbonate de soude (bicarbonate de soude)

Mélangez les farines, le sel et le sucre et faites un puits au centre. Battez ensemble le lait, le vinaigre, l'huile et le bicarbonate de soude, versez sur les ingrédients secs et mélangez jusqu'à obtenir une pâte lisse. Façonner dans un moule à pain graissé de 900 g/2 lb (moule) et cuire au four préchauffé à 180°C/350°F/thermostat 4 pendant 1 heure jusqu'à ce qu'il soit doré et qu'il sonne creux lorsqu'on tapote sur la base.

Pâte à pizza

Donne assez pour deux pizzas de 23 cm/9 po

15 g/½ oz de levure fraîche ou 20 ml/ 4 cuillères à café de levure sèche

Une pincée de sucre

250 ml/8 fl oz/1 tasse d'eau tiède

350 g/12 oz/3 tasses de farine nature (tout usage)

Une pincée de sel

30 ml/2 cuillères à soupe d'huile d'olive

Mélangez la levure avec le sucre et un peu d'eau tiède et laissez-la dans un endroit chaud pendant 20 minutes jusqu'à ce qu'elle soit mousseuse. Incorporer la farine avec le sel et l'huile d'olive et pétrir jusqu'à obtenir une consistance lisse et non collante. Placer dans un bol huilé, couvrir d'un film alimentaire huilé (pellicule plastique) et laisser dans un endroit chaud pendant 1 heure jusqu'à ce qu'il double de volume. Pétrir à nouveau et façonner selon vos besoins.

Épis d'avoine

Donne un pain de 450 g/1 lb

25 g/1 oz de levure fraîche ou 40 ml/ 2½ cuillères à soupe de levure sèche

5 ml/1 cuillère à café de sucre en poudre (superfin)

150 ml/¼ pt/2/3 tasse de lait tiède

150 ml/¼ pt/2/3 tasse d'eau tiède

400 g/14 oz/3½ tasses de farine (à pain) forte

5 ml/1 cuillère à café de sel

25 g/1 oz/2 cuillères à soupe de beurre ou de margarine

100 g/4 oz/1 tasse de flocons d'avoine moyens

Mélangez la levure et le sucre avec le lait et l'eau et laissez dans un endroit chaud jusqu'à ce que le mélange soit mousseux. Mélangez la farine et le sel, puis ajoutez le beurre ou la margarine et incorporez les flocons d'avoine. Faire un puits au centre, verser le mélange de levure et mélanger jusqu'à obtenir une pâte molle. Démouler sur une surface farinée et pétrir pendant 10 minutes jusqu'à obtenir une pâte lisse et élastique. Placer dans un bol huilé, couvrir d'un film alimentaire huilé (pellicule plastique) et laisser lever dans un endroit chaud pendant environ 1 heure jusqu'à ce qu'il double de volume.

Pétrissez à nouveau la pâte, puis façonnez-la en forme de pain de votre choix. Placer sur une plaque à pâtisserie graissée, badigeonner d'un peu d'eau, couvrir d'un film alimentaire huilé et laisser dans un endroit chaud pendant environ 40 minutes jusqu'à ce qu'elle double de volume.

Cuire au four préchauffé à 230°C/450°F/thermostat 8 pendant 25 minutes jusqu'à ce qu'ils soient bien levés et dorés et qu'ils sonnent creux lorsqu'on les tape sur la base.

Farl à l'avoine

Donne 4

25 g/1 oz de levure fraîche ou 40 ml/ 2½ cuillères à soupe de levure sèche

5 ml/1 cuillère à café de miel

300 ml/½ pt/1¼ tasse d'eau tiède

450 g/1 lb/4 tasses de farine (à pain) forte

50 g/2 oz/½ tasse de flocons d'avoine moyens

2,5 ml/½ cuillère à café de levure chimique

Une pincée de sel

25 g/1 oz/2 cuillères à soupe de beurre ou de margarine

Mélangez la levure avec le miel et un peu d'eau tiède et laissez-la dans un endroit chaud pendant 20 minutes jusqu'à ce qu'elle soit mousseuse.

Mélangez la farine, les flocons d'avoine, la levure chimique et le sel et incorporez le beurre ou la margarine. Incorporer le mélange de levure et le reste de l'eau tiède et mélanger jusqu'à obtenir une pâte moyennement molle. Pétrir jusqu'à ce qu'il soit élastique et ne colle plus. Placer dans un bol huilé, couvrir d'un film alimentaire huilé (pellicule plastique) et laisser dans un endroit chaud pendant environ 1 heure jusqu'à ce qu'il double de volume.

Pétrir à nouveau légèrement et façonner un rond d'environ 3 cm d'épaisseur. Couper en quartiers et placer, légèrement espacés mais toujours dans leur forme ronde d'origine, sur une plaque à pâtisserie graissée (à biscuits). Couvrir d'un film alimentaire huilé et laisser lever environ 30 minutes jusqu'à ce qu'il double de volume.

Cuire au four préchauffé à 200°C/400°F/thermostat 6 pendant 30 minutes jusqu'à ce qu'ils soient dorés et sonnent creux lorsqu'on les tape sur la base.

Pain Pitta

Donne 6

15 g/½ oz de levure fraîche ou 20 ml/ 4 cuillères à café de levure sèche

5 ml/1 cuillère à café de sucre en poudre (superfin)

300 ml/½ pt/1¼ tasse d'eau tiède

450 g/1 lb/4 tasses de farine (à pain) forte

5 ml/1 cuillère à café de sel

Mélangez la levure, le sucre et un peu d'eau tiède et laissez reposer 20 minutes dans un endroit chaud jusqu'à ce que le mélange soit mousseux. Mélangez le mélange de levure et le reste de l'eau tiède avec la farine et le sel et mélangez jusqu'à obtenir une pâte ferme. Pétrir jusqu'à consistance lisse et élastique. Placer dans un bol huilé, couvrir d'un film alimentaire huilé (pellicule plastique) et laisser dans un endroit chaud pendant environ 1 heure jusqu'à ce qu'il double de volume.

Pétrissez à nouveau et divisez en six morceaux. Rouler en ovales d'environ 5 mm/¼ d'épaisseur et déposer sur une plaque à pâtisserie (à biscuits) graissée. Couvrir d'un film alimentaire huilé et laisser lever 40 minutes jusqu'à ce qu'il double de volume.

Cuire au four préchauffé à 230°C/ 450°F/thermostat 8 pendant 10 minutes jusqu'à ce qu'ils soient légèrement dorés.

Pain brun rapide

Donne deux pains de 450 g/1 lb

15 g/½ oz de levure fraîche ou 20 ml/ 4 cuillères à café de levure sèche

300 ml/½ pt/1¼ tasse de lait chaud et d'eau mélangés

15 ml/1 cuillère à soupe de mélasse noire (mélasse)

225 g/8 oz/2 tasses de farine complète (blé complet)

225 g/8 oz/2 tasses de farine nature (tout usage)

10 ml/2 cuillères à café de sel

25 g/1 oz/2 cuillères à soupe de beurre ou de margarine

15 ml/1 cuillère à soupe de blé concassé

Mélangez la levure avec un peu de lait tiède, d'eau et la mélasse et laissez dans un endroit chaud jusqu'à ce qu'elle soit mousseuse. Mélangez les farines et le sel et incorporez le beurre ou la margarine. Faire un puits au centre et verser le mélange de levure jusqu'à obtenir une pâte ferme. Démouler sur une surface farinée et pétrir pendant 10 minutes jusqu'à consistance lisse et élastique, ou passer au robot culinaire. Façonner en deux pains et placer dans des moules à pain (moules) graissés et tapissés de 450 g/1 lb. Badigeonner le dessus d'eau et saupoudrer de blé concassé. Couvrir d'un film alimentaire huilé (pellicule plastique) et laisser dans un endroit chaud pendant environ 1 heure jusqu'à ce qu'il double de volume.

Cuire au four préchauffé à 240°C/475°F/thermostat 8 pendant 40 minutes jusqu'à ce que les pains sonnent creux lorsqu'on les tape sur la base.

Pain De Riz Moelleux

Donne un pain de 900 g/2 lb

75 g/3 oz/1/3 tasse de riz à grains longs

15 g/½ oz de levure fraîche ou 20 ml/ 4 cuillères à café de levure sèche

Une pincée de sucre

250 ml/8 fl oz/1 tasse d'eau tiède

550 g/1¼ lb/5 tasses de farine (à pain) forte

2,5 ml/½ cuillère à café de sel

Mesurez le riz dans une tasse, puis versez-le dans une casserole. Ajoutez trois fois le volume d'eau froide, portez à ébullition, couvrez et laissez mijoter environ 20 minutes jusqu'à ce que l'eau soit absorbée. Pendant ce temps, mélangez la levure avec le sucre et un peu d'eau tiède et laissez-la dans un endroit chaud pendant 20 minutes jusqu'à ce qu'elle soit mousseuse.

Mettez la farine et le sel dans un bol et faites un puits au centre. Incorporer le mélange de levure et le riz chaud et mélanger jusqu'à obtenir une pâte molle. Placer dans un bol huilé, couvrir d'un film alimentaire huilé (pellicule plastique) et laisser dans un endroit chaud pendant environ 1 heure jusqu'à ce qu'il double de volume.

Pétrir légèrement, en ajoutant un peu plus de farine si la pâte est trop molle pour être travaillée, et façonner un moule à pain (moule) graissé de 900 g/2 lb. Couvrir d'un film alimentaire huilé et laisser reposer 30 minutes dans un endroit tiède jusqu'à ce que la pâte dépasse du bord du moule.

Cuire au four préchauffé à 230°C/ 450°F/thermostat 8 pendant 10 minutes, puis réduire la température du four à 200°C/ 400°F/thermostat 6 et cuire encore 25 minutes jusqu'à ce qu'ils soient dorés et creux. -sonne lorsqu'on tape sur la base.

Pain de riz et d'amandes

Donne un pain de 900 g/2 lb

175 g/6 oz/¾ tasse de beurre ou de margarine, ramollie

175 g/6 oz/¾ tasse de sucre en poudre (superfin)

3 œufs légèrement battus

100 g/4 oz/1 tasse de farine (à pain) forte

5 ml/1 cuillère à café de levure chimique

Une pincée de sel

100 g/4 oz/1 tasse de riz moulu

50 g/2 oz/½ tasse d'amandes moulues

15 ml/1 cuillère à soupe d'eau tiède

Battre ensemble le beurre ou la margarine et le sucre jusqu'à obtenir une consistance légère et mousseuse. Incorporez progressivement les œufs, puis incorporez les ingrédients secs et l'eau pour obtenir une pâte lisse. Façonner dans un moule à pain graissé de 900 g/2 lb (moule) et cuire au four préchauffé à 180°C/350°F/thermostat 4 pendant 1 heure jusqu'à ce qu'il soit doré et qu'il sonne creux lorsqu'on tapote sur la base.

www.ingramcontent.com/pod-product-compliance
Lightning Source LLC
Chambersburg PA
CBHW050149130526
44591CB00033B/1217